Gisela Klöpper

Die schönsten Strickmuster

modern und traditionell

Alle in diesem Buch veröffentlichten Abbildungen und Modelle sind urheberrechtlich geschützt und dürfen nur mit ausdrücklicher schriftlicher Genehmigung des Verlages und der Autorin gewerblich genutzt werden.

Bei Verwendung im Unterricht oder in Kursen ist auf dieses Buch hinzuweisen.

Die im Buch veröffentlichten Ratschläge wurden von Autorin und Verlag sorgfältig erwogen und geprüft. Eine Garantie kann dennoch nicht übernommen werden, ebenso ist eine Haftung der Autorin bzw. des Verlages und seiner Beauftragten für Personen-, Sach- und Vermögensschäden ausgeschlossen.

Die Deutsche Bibliothek – CIP-Einheitsaufnahme
Ein Titeldatensatz für diese Publikation ist bei Der Deutschen Bibliothek erhältlich.

www.dornier-verlage.de
www.urania-ravensburger.de

Umschlaggestaltung: Behrend & Buchholz, Hamburg
Fotos: Sabine Münch, Berlin
Lektorat: Eva Hauck
Gestaltung, Layout: Berliner Buchwerkstatt, Britta Dieterle
Gesamtherstellung: Urania-Ravensburger, Berlin
Printed in Slovakia

Gedruckt auf alterungsbeständigem Papier mit chlorfrei gebleichtem Zellstoff.

Die Schreibweise entspricht den Regeln der neuen Rechtschreibung.

04 03 02 01 4 3 2 1

ISBN 3-332-01199-5

Inhaltsverzeichnis

Für meine Eltern, die mir die Freude an Handarbeiten vermittelt haben.

Sie stricken gern? Dann schließen Sie mit Ihrem kreativen und entspannenden Hobby an eine wohl mehr als tausend Jahre alte Tradition an.

Stricken bedeutete schon immer mehr als nur die Herstellung wärmender Kleidung: Von jeher verzierten die Strickerinnen und Stricker – Letztere waren in früheren Jahrhunderten deutlich in der Überzahl – ihre Werke durch fantasievolle Muster und gestalteten dadurch auch für sich selbst die Arbeit kurzweiliger. Auf der ganzen Welt bekannt wurden schließlich die mehrfarbigen Muster der Norweger oder die plastischen Muster von den irischen Araninseln.

Heute ist das Stricken so aktuell wie selten zuvor: Immer mehr Menschen – Frauen wie Männer – entdecken es als entspannende, moderne und befriedigende Freizeitgestaltung in einer zunehmend hektischen Zeit. Eine schier unerschöpfliche Auswahl an Garnsorten und -farben steigert die Freude an der Handarbeit zusätzlich.

In diesem Band habe ich über 250 alte und neue Strickmuster gesammelt, mit denen Sie Ihre eigenen Mode-Ideen verwirklichen können. Darunter sind unter anderem Muster aus rechten und linken Maschen – einfach zu stricken und doch oft von verblüffender Wirkung –, aber auch Rippen-, Loch-, Zopf- und Jacquardmuster, sodass Sie ganz sicher für jeden Zweck das Richtige finden. Egal, ob Sie nun auf eine langjährige Strickerfahrung zurückblicken oder erst vor kurzem wieder zu den Stricknadeln gegriffen haben, anhand der übersichtlichen Strickschriften, Zählmuster und Beschreibungen gelingt Ihnen jedes Dekor mühelos.

Diese umfangreiche Mustersammlung war nur mit einem Team zu realisieren, das mich über Monate tatkräftig unterstützte. Deshalb gilt mein besonderer Dank den Mitarbeiterinnen der Firma Coats, Salach, insbesondere Brigitte Dangelmaier, Frieda Lesle und Brigitte Schwarz, die fleißig Musterproben gestrickt haben, sowie allen übrigen Helferinnen und Helfern, die an diesem Projekt mitgewirkt und mir immer wieder Mut gemacht haben.

Ihnen, liebe Strickerinnen und Stricker, wünsche ich viel Freude bei der Auswahl Ihrer Lieblingsmuster, gute Ideen für eigene Kreationen und Erfolg beim Stricken.

Ihre Gisela Klöpper

Strickmuster

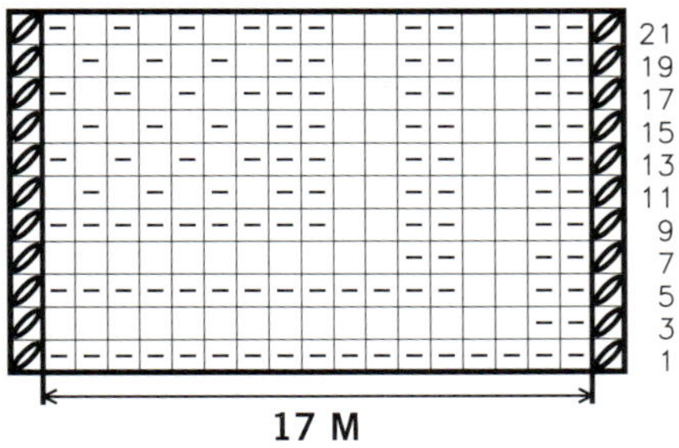

Strickschrift

Maschenzahl teilbar durch 17 + 2 Randmaschen

In Hinreihen nach Strickschrift stricken, dabei nach der Randmasche den Rapport von 17 Maschen stets wiederholen. In Rückreihen die Maschen stricken, wie sie erscheinen.
Die 1.–22. Reihe stets wiederholen.

Beschreibung

Über die Herkunft und Entstehung des Strickens ist wenig bekannt. Man kann nur Vermutungen anstellen, denn Textilien sind vergänglich und bleiben nur unter besonderen konservierenden Bedingungen erhalten. Zudem sind die meisten Textilfunde aus gewebten Stoffen.

Es gibt zwar auch schriftliche Aufzeichnungen, die Hinweise auf textile Techniken geben – z. B. in den im 8. Jahrhundert v. Chr. entstandenen Heldengesängen der Ilias und Odyssee, auf Tontafeln oder im Zusammenhang mit Wandmalereien in ägyptischen Grabkammern –, es finden sich aber nur Hinweise auf das Spinnen, Färben und Weben.

Außerdem hat man Textilien gefunden, die auf den ersten Blick wie gestrickt aussehen. Untersuchungen haben jedoch ergeben, dass sie in den verwandten Techniken „Sprang" (einer Art Flechttechnik über einem Rahmen gearbeitet) oder „Nalbindung" (mit einer Nähnadel gebildete und miteinander verbundene Schlaufen) gearbeitet wurden. Bezeichnend ist auch, dass weder in der altgriechischen noch in der lateinischen Sprache der Begriff Stricken existiert. Erst in einer 1530 erschienenen Grammatik taucht erstmalig das Wort „knit" für Stricken auf. Das Wort „stricken" ist wohl vom althochdeutschen „stricchen" abgeleitet, was soviel wie „verschlingen, knüpfen, flechten" bedeutet.

Man vermutet, dass das Stricken zuerst von arabischen Nomaden ausgeübt und von diesen nach Ägypten gebracht wurde. Wahrscheinlich kam die Technik mit den Mauren nach Spanien, welches seit 711 unter maurischer Herrschaft stand.

Ein erster Hinweis auf das Stricken in Europa sind gestrickte Seidenhandschuhe, mit denen Papst Innocenz IV. 1254 beerdigt wurde. Ihre kunstvolle Verarbeitung ist ein Zeichen dafür, dass das Stricken schon lange vorher bekannt gewesen sein musste. Im 14. Jahrhundert schien das Stricken schon von so großer Bedeutung gewesen zu sein, dass Meister Bertram (1345–1415) für den Buxtehuder Altar ein Triptychon mit Maria malte, die mit vier Nadeln an einem Hemd strickt.

Die neu aufkommende Mode der knielangen Hosen weckte seit etwa Mitte des 16. Jahrhunderts neue Bedürfnisse. Die bisher üblichen genähten Stoff- oder Lederstrümpfe boten keinen schönen Anblick, da sie sich kaum der Beinform anpassten. So waren die gestrickten Seidenstrümpfe aus Italien eine willkommene Neuerung beim Adel. Sie waren aber noch so selten und kostbar, dass Heinrich II. von Frankreich bei der Hochzeit seiner Schwester 1559 damit besondere Aufmerksamkeit erregte. Die einfachen Leute trugen weiter die genähten Beinkleider.

Der Bedarf des Adels an gestrickten Seidenstrümpfen war bald so groß, dass sich der Beruf des Strickers daraus entwickelte. Strümpfe, aber auch Hüte, Handschuhe, Hemden, Decken und Teppiche wurden in Intarsientechnik gestrickt. Sehr bald schon schlossen sich die Stricker, wie im Mittelalter allgemein üblich, zu Gilden bzw. Zünften zusammen.

1527 wird in Paris die älteste bekannte Gilde der Strumpfstricker gegründet. Das Strickhandwerk, welches hauptsächlich von Männern ausgeübt wurde, war strengen Zunftregeln unterworfen und es galten strenge Herstellungsregeln. Meister konnte nur derjenige werden, der nach mehrjähriger Lehrzeit innerhalb eines bestimmten Zeitraums mehrere Meisterstücke gestrickt hatte. Vor allem gestrickte Teppiche in der Größe von ca. 1,20 x 1,20 m bis ca. 2,20 x 3,20 m waren ab ca. 1600 von großer Bedeutung.

1598 erfand der Engländer William Lee den Wirkstuhl und schuf somit die Grundlagen zur Mechanisierung der Strumpfherstellung. Allerdings konnten die Strümpfe auf diesem Wirkstuhl nur flach gestrickt werden und mussten später zusammengenäht werden. Lee konnte sich mit seiner Erfindung nicht durchsetzen, da der Widerstand der Handstricker, die um ihre Existenz fürchteten, zu groß war. Aber schon einige Jahrzehnte später nahm die Herstellung von gewirkten Seidenstrümpfen in England einen raschen Aufschwung und England wurde zum Hauptproduzenten. Im Jahre 1656 erkundete der Franzose Jean Claude Hindret im Auftrag von Colbert die Grundlagen zur Herstellung der Wirkstühle, sodass auch in Frankreich sehr bald die Maschinenwirkerei aufblühte. Infolge des Edikts von Nantes (1685) wanderten viele Hugenotten, darunter viele Strumpfwirker, um ihrem Glauben treu bleiben zu können, aus Frankreich aus, unter anderem auch nach Thüringen. Dort ließ Herzog Wilhelm Ernst zu Sachsen-Weimar die ersten Wirkstühle aufstellen. Schon bald hatten sich danach auch in Deutschland verschiedene Zentren der industriellen Strumpfwirkerei gebildet.

Mit Beginn der Industrialisierung, etwa ab Beginn des 19. Jahrhunderts, ging die Bedeutung des Handstrickgewerbes zurück. Immer mehr Kleidungsstücke konnten schneller und preisgünstiger maschinell hergestellt werden. Weiterhin wurde aber für den Eigenbedarf gestrickt. So waren Handarbeiten eine beliebte Beschäftigung der Bürgersfrau im Biedermeier (ca. 1800 bis 1850). Aus dieser Zeit sind viele Strickmuster, insbesondere Ajourmuster, zum Teil mit eingestrickten Perlen, für z.B. Hauben, Einsätze und Spitzen bekannt. Stricken war zu einem wichtigen Teil der Ausbildung junger Mädchen geworden, die zur sparsamen, häuslichen und fleißigen Hausfrau erzogen werden sollten. Schon etwa fünfjährige Mädchen mussten das Strumpfstricken lernen. Und noch bis vor kurzem war Handarbeiten ein Pflichtfach für Mädchen an den Schulen.

Heute hat sich der Wert des Strickens gewandelt. Stricken ist im Wesentlichen nicht mehr notwendige Tätigkeit, sondern eine von vielen Möglichkeiten der kreativen Freizeitgestaltung. Es gibt heute eine Vielzahl von verschiedenen Garnen – vom glatten gezwirnten Garn bis zum phantasievollen Effektgarn in den unterschiedlichsten Materialmischungen –, die sich, in Kombination mit den hier vorgestellten Mustern, zu den schönsten Pullis, Schals, Mützen, Decken, Kissen und vielem mehr verarbeiten lassen.

Erklärungen zu den Strickschriften und Zählmustern

Bei den meisten Mustern sind die Randmaschen mit eingezeichnet, nur bei den Musterstreifen, die in der Breite nicht wiederholt werden, fehlen sie.

Die Hinreihen werden von rechts nach links, die Rückreihen von links nach rechts gelesen.

Sind nur die Hinreihen in den Strickschriften gezeichnet, werden bei den meisten Mustern die Maschen in den Rückreihen so gestrickt, wie sie erscheinen. Ausnahmen werden in den Musterbeschreibungen und in der Zeichenerklärung erwähnt. In den Musterbeschreibungen finden Sie auch zusätzlich erforderliche Angaben.

Wenn auch Rückreihen gezeichnet sind, werden die Maschen jeweils so dargestellt, wie sie auf der Vorderseite erscheinen. Sie müssen dann beim Stricken ein klein wenig umdenken. Eine glatt rechte Masche wird zum Beispiel in Hin- und Rückreihen durch ein leeres Kästchen dargestellt. Die Masche wird jedoch in Hinreihen rechts, in Rückreihen links gestrickt. So ist der Musterverlauf schon aus der Zeichnung ersichtlich.

M = Masche

|⟵⟶| = Rapportbreite, diese Maschen werden stets wiederholt.

Die Pfeile geben die Strickrichtung an.
← = Hinreihe
→ = Rückreihe

⧄ = Randmasche

▣ = keine Masche, dient nur der besseren Übersicht und wird beim Stricken übergangen.

⊞ = 1 Kraus-Masche: Die Masche in Hin- und Rückreihen rechts stricken.

☐ = in Hinreihen 1 rechte Masche bzw. in Rückreihen 1 linke Masche.

⊟ = in Hinreihen 1 linke Masche bzw. in Rückreihen 1 rechte Masche

[◇] = in Hinreihen 1 rechts verschränkte Masche bzw. in Rückreihen 1 links verschränkte Masche.

[◆] = 1 rechts verschränkte Masche mit eingestrickter Perle.

[V] = in Hinreihen 1 Masche rechts verschränkt aus dem Querfaden stricken bzw. in Rückreihen 1 Masche links verschränkt aus dem Querfaden stricken.

[●] = 1 Noppe: Aus 1 Masche 5 Maschen (1 Masche rechts, 1 Umschlag im Wechsel) stricken. Nur mit diesen 5 Maschen 4 Reihen glatt rechts stricken und von der Nadelspitze aus gezählt die 2. bis 5. Masche über die 1. Masche heben.

[O] = 1 Umschlag, in folgender Rückreihe den Umschlag links stricken.

[Φ] = 1 Umschlag, in folgender Reihe aus dem Umschlag 1 Masche links und 1 Masche rechts stricken.

[O|O] = 2 Umschläge, in folgender Reihe aus den Umschlägen 1 Masche links und 1 Masche rechts stricken.

[2] = in Hinreihen 2 Maschen rechts zusammenstricken bzw. in Rückreihen 2 Maschen links zusammenstricken.

[S] = in Hinreihen 2 Maschen rechts überzogen zusammenstricken: die 1. Masche rechts abheben, folgende Masche rechts stricken und die abgehobene Masche über die gestrickte Masche ziehen bzw. in Rückreihen 2 Maschen links verschränkt zusammenstricken.

[2̶] = in Hinreihen 2 Maschen links zusammenstricken bzw. in Rückreihen 2 Maschen rechts zusammenstricken.

[3] = in Hinreihen 3 Maschen rechts zusammenstricken bzw. in Rückreihen 3 Maschen links zusammenstricken.

 = in Hinreihen 3 Maschen links zusammenstricken bzw. in Rückreihen 3 Maschen rechts zusammenstricken.

 = in Hinreihen 3 Maschen rechts überzogen zusammenstricken: die 1. Masche rechts abheben, die beiden folgenden Maschen rechts zusammenstricken und die abgehobene Masche darüber ziehen.

 = in Hinreihen 2 Maschen zusammen wie zum Rechtsstricken abheben, die folgende Masche rechts stricken und die beiden abgehobenen Maschen überziehen.

 = 1 Masche abketten.

 = 1 Masche links abheben, dabei liegt der Faden in Hinreihen hinter, in Rückreihen vor der Masche.

 = 1 Masche links abheben, dabei liegt der Faden in Hinreihen vor, in Rückreihen hinter der Masche.

 = in Hinreihen 1 Masche links abheben mit Faden hinter der Masche, 2 Maschen rechts stricken und die abgehobene Masche überziehen.

 = in Hinreihen 1 Masche links abheben mit Faden hinter der Masche, 3 Maschen rechts stricken und die abgehobene Masche überziehen.

 = in Rückreihen 1 Masche links abheben mit Faden vor der Masche, 3 Maschen links stricken und die abgehobene Masche überziehen.

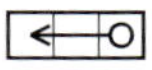 = in Hinreihen 1 Umschlag arbeiten, 2 Maschen rechts stricken und den Umschlag über die beiden rechten Maschen heben.

 = in Hinreihen 1 Umschlag, dann die folgende Masche rechts stricken, bzw. in Rückreihen 1 Umschlag, dann die folgende Masche links stricken. In der folgenden Reihe den Umschlag fallen lassen und die Masche in Hinreihen rechts bzw. in Rückreihen links stricken.

 = in Hinreihen 2 Umschläge, dann die folgende Masche rechts stricken bzw. in Rückreihen 2 Umschläge, dann die folgende Masche links stricken. In der folgenden Reihe die Umschläge fallen lassen und die Masche in Hinreihen rechts bzw. in Rückreihen links stricken.

 = in Hinreihen 3 Umschläge, dann die folgende Masche rechts stricken bzw. in Rückreihen 3 Umschläge, dann die folgende Masche links stricken. In der folgenden Reihe die Umschläge fallen lassen.

 = den Umschlag von der Nadel fallen lassen.

 = die Masche nur links abheben und die Umschläge fallen lassen; die Masche wird nicht gestrickt.

 = 2 Maschen links abheben (Faden hinter den Maschen), dabei die Umschläge fallen lassen und die Maschen lang ziehen. Danach die Maschen wieder auf die linke Nadel zurückheben und aus beiden Maschen 1 Masche rechts verschränkt und 1 Masche links verschränkt stricken, dabei in beide Maschen einstechen, erst dann die Maschen von der linken Nadel gleiten lassen.

 = 4 Maschen links abheben (Faden hinter den Maschen), dabei die Umschläge fallen lassen und die Maschen lang ziehen. Danach die Maschen wieder auf die linke Nadel zurückheben und aus den 4 Maschen 1 Masche rechts verschränkt, 1 Masche links verschränkt, 1 Masche rechts verschränkt und 1 Masche links verschränkt (insgesamt 4 Maschen) stricken, dabei in alle Maschen einstechen, erst dann die Maschen von der linken Nadel gleiten lassen.

Erklärungen zu den Strickschriften und Zählmustern

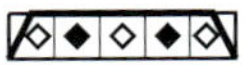 = 5 Maschen links abheben (Faden hinter den Maschen), dabei die Umschläge fallen lassen und die Maschen lang ziehen. Danach die Maschen wieder auf die linke Nadel zurückheben und aus den 5 Maschen 1 Masche rechts verschränkt, 1 Masche links verschränkt, 1 Masche rechts verschränkt, 1 Masche links verschränkt und 1 Masche rechts verschränkt (insgesamt 5 Maschen) stricken, dabei in alle Maschen einstechen, erst dann die Maschen von der linken Nadel gleiten lassen.

 = die Spannfäden mit der linken Nadel aufnehmen, dabei von oben nach unten hinter den Fäden vorbeistechen, dann die Fäden mit der Masche rechts verschränkt zusammenstricken.

 = 1 Masche mit 1 Umschlag links abheben.

 = in Hin- bzw. Rückreihen Masche und Umschlag rechts zusammenstricken.

 = in Hin- bzw. Rückreihen Masche und Umschlag links zusammenstricken.

 = in Rückreihen 1 Masche mit 1 Umschlag links abheben, in Hinreihen Masche und Umschlag rechts zusammenstricken.

 = in Hinreihen 1 Masche mit 1 Umschlag links abheben, in Rückreihen Masche und Umschlag rechts zusammenstricken.

 = in Hinreihen 1 rechte Masche, in Rückreihen die Masche mit 1 Umschlag links abheben.

 = in Hinreihen die Patentmasche (einschließlich Umschlag) mit der Masche davor rechts zusammenstricken, in Rückreihen die Masche mit 1 Umschlag links abheben.

 = in Hinreihen die Patentmasche (einschließlich Umschlag) rechts abheben, folgende Masche rechts stricken und die abgehobene Masche (einschließlich Umschlag) überziehen, in Rückreihen die Masche mit 1 Umschlag links abheben.

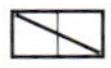 = 1 Masche auf einer Zopfnadel vor die Arbeit legen, 1 Masche rechts, dann die Masche der Zopfnadel rechts stricken.

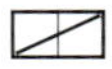 = 1 Masche auf einer Zopfnadel hinter die Arbeit legen, 1 Masche rechts, dann die Masche der Zopfnadel rechts stricken.

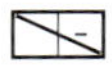 = 1 Masche auf einer Zopfnadel vor die Arbeit legen, 1 Masche links, dann die Masche der Zopfnadel rechts stricken.

 = 1 Masche auf einer Zopfnadel hinter die Arbeit legen, 1 Masche rechts, dann die Masche der Zopfnadel links stricken.

 = 2 Maschen auf einer Zopfnadel vor die Arbeit legen, 1 Masche rechts, dann die Maschen der Zopfnadel rechts stricken.

 = 1 Masche auf einer Zopfnadel hinter die Arbeit legen, 2 Maschen rechts, dann die Masche der Zopfnadel rechts stricken.

 = 1 Masche auf einer Zopfnadel vor die Arbeit legen, 2 Maschen rechts, dann die Masche der Zopfnadel rechts stricken.

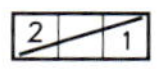 = 2 Maschen auf einer Zopfnadel hinter die Arbeit legen, 1 Masche rechts, dann die Maschen der Zopfnadel rechts stricken.

 = 2 Maschen auf einer Zopfnadel vor die Arbeit legen, 1 Masche links, dann die Maschen der Zopfnadel rechts stricken.

 = 1 Masche auf einer Zopfnadel hinter die Arbeit legen, 2 Maschen rechts, dann die Masche der Zopfnadel links stricken.

 = 2 Maschen auf einer Zopfnadel vor die Arbeit legen, 2 Maschen rechts, dann die Maschen der Zopfnadel rechts stricken.

Erklärungen zu den Strick-schriften und Zählmustern

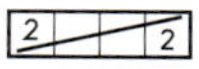 = 2 Maschen auf einer Zopfnadel hinter die Arbeit legen, 2 Maschen rechts, dann die Maschen der Zopfnadel rechts stricken.

 = 2 Maschen auf einer Zopfnadel vor die Arbeit legen, 2 Maschen links, dann die Maschen der Zopfnadel rechts stricken.

 = 2 Maschen auf einer Zopfnadel hinter die Arbeit legen, 2 Maschen rechts, dann die Maschen der Zopfnadel links stricken.

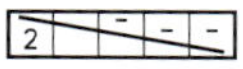 = 2 Maschen auf einer Zopfnadel vor die Arbeit legen, 3 Maschen links, dann die Maschen der Zopfnadel rechts stricken.

 = 3 Maschen auf einer Zopfnadel hinter die Arbeit legen, 2 Maschen rechts, dann die Maschen der Zopfnadel links stricken.

 = 2 Maschen auf einer Zopfnadel vor die Arbeit legen, 2 Maschen rechts und 1 Masche links stricken, dann die Maschen der Zopfnadel rechts stricken.

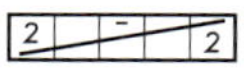 = 3 Maschen auf einer Zopfnadel hinter die Arbeit legen, 2 Maschen rechts, dann von der Zopfnadel 1 Masche links und 2 Maschen rechts stricken.

 = 2 Maschen auf einer Zopfnadel vor die Arbeit legen, 2 Maschen rechts und 2 Maschen links stricken, dann die Maschen der Zopfnadel rechts stricken.

 = 4 Maschen auf einer Zopfnadel hinter die Arbeit legen, 2 Maschen rechts, dann von der Zopfnadel 2 Maschen links und 2 Maschen rechts stricken.

 = 3 Maschen auf einer Zopfnadel vor die Arbeit legen, 3 Maschen rechts, dann die Maschen der Zopfnadel rechts stricken.

 = 3 Maschen auf einer Zopfnadel hinter die Arbeit legen, 3 Maschen rechts, dann die Maschen der Zopfnadel rechts stricken.

 = 3 Maschen auf einer Zopfnadel vor die Arbeit legen, 2 Maschen links, dann die Maschen der Zopfnadel rechts stricken.

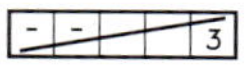 = 2 Maschen auf einer Zopfnadel hinter die Arbeit legen, 3 Maschen rechts, dann die Maschen der Zopfnadel links stricken.

 = 3 Maschen auf einer Zopfnadel vor die Arbeit legen, 3 Maschen links, dann die Maschen der Zopfnadel rechts stricken.

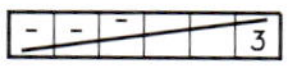 = 3 Maschen auf einer Zopfnadel hinter die Arbeit legen, 3 Maschen rechts, dann die Maschen der Zopfnadel links stricken.

 = 3 Maschen auf einer Zopfnadel vor die Arbeit legen, 1 Masche rechts, dann die Maschen der Zopfnadel rechts stricken.

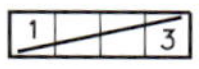 = 1 Masche auf einer Zopfnadel hinter die Arbeit legen, 3 Maschen rechts, dann die Masche der Zopfnadel rechts stricken.

 = 3 Maschen auf einer Zopfnadel vor die Arbeit legen, 1 Masche links, dann die Maschen der Zopfnadel rechts stricken.

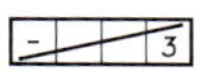 = 1 Masche auf einer Zopfnadel hinter die Arbeit legen, 3 Maschen rechts, dann die Masche der Zopfnadel links stricken.

 = 4 Maschen auf einer Zopfnadel vor die Arbeit legen, 4 Maschen rechts, dann die Maschen der Zopfnadel rechts stricken.

 = 4 Maschen auf einer Zopfnadel hinter die Arbeit legen, 4 Maschen rechts, dann die Maschen der Zopf-nadel rechts stricken.

Erklärungen zu den Strickschriften und Zählmustern

= 4 Maschen auf einer Zopfnadel vor die Arbeit legen, 4 Maschen links, dann die Maschen der Zopfnadel rechts stricken.

= 4 Maschen auf einer Zopfnadel hinter die Arbeit legen, 4 Maschen rechts, dann die Maschen der Zopfnadel links stricken.

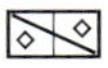
= in Hinreihen 1 Masche auf einer Zopfnadel vor die Arbeit legen, 1 Masche rechts verschränkt, dann die Masche der Zopfnadel rechts verschränkt stricken bzw. in Rückreihen 1 Masche auf einer Zopfnadel vor die Arbeit legen, 1 Masche links verschränkt, dann die Masche der Zopfnadel links verschränkt stricken.

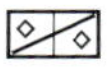
= in Hinreihen 1 Masche auf einer Zopfnadel hinter die Arbeit legen, 1 Masche rechts verschränkt, dann die Masche der Zopfnadel rechts verschränkt stricken bzw. in Rückreihen 1 Masche auf einer Zopfnadel hinter die Arbeit legen, 1 Masche links verschränkt, dann die Masche der Zopfnadel links verschränkt stricken.

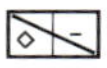
= in Hinreihen 1 Masche auf einer Zopfnadel vor die Arbeit legen, 1 Masche links, dann die Masche der Zopfnadel rechts verschränkt stricken bzw. in Rückreihen 1 Masche auf einer Zopfnadel vor die Arbeit legen, 1 Masche links verschränkt, dann die Masche der Zopfnadel rechts stricken.

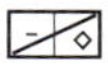
= in Hinreihen 1 Masche auf einer Zopfnadel hinter die Arbeit legen, 1 Masche rechts verschränkt, dann die Masche der Zopfnadel links stricken bzw. in Rückreihen 1 Masche auf einer Zopfnadel hinter die Arbeit legen, 1 Masche rechts, dann die Masche der Zopfnadel links verschränkt stricken.

= in Hinreihen 2 Maschen auf einer Zopfnadel vor die Arbeit legen, 1 Masche rechts verschränkt, dann die Maschen der Zopfnadel rechts verschränkt stricken bzw. in Rückreihen 1 Masche auf einer Zopfnadel vor die Arbeit legen, 2 Maschen links verschränkt, dann die Masche der Zopfnadel links verschränkt stricken.

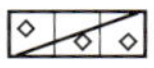
= in Hinreihen 1 Masche auf einer Zopfnadel hinter die Arbeit legen, 2 Maschen rechts verschränkt, dann die Masche der Zopfnadel rechts verschränkt stricken bzw. in Rückreihen 2 Maschen auf einer Zopfnadel hinter die Arbeit legen, 1 Masche links verschränkt, dann die Maschen der Zopfnadel links verschränkt stricken.

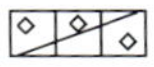
= in Hinreihen 2 Maschen auf einer Zopfnadel hinter die Arbeit legen, 1 Masche rechts verschränkt, dann die Maschen der Zopfnadel rechts verschränkt stricken.

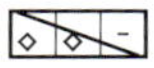
= in Hinreihen 2 Maschen auf einer Zopfnadel vor die Arbeit legen, 1 Masche links, dann die Maschen der Zopfnadel rechts verschränkt stricken bzw. in Rückreihen 1 Masche auf einer Zopfnadel vor die Arbeit legen, 2 Maschen links verschränkt, dann die Masche der Zopfnadel rechts stricken.

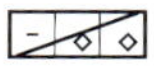
= in Hinreihen 1 Masche auf einer Zopfnadel hinter die Arbeit legen, 2 Maschen rechts verschränkt, dann die Masche der Zopfnadel links stricken bzw. in Rückreihen 2 Maschen auf einer Zopfnadel hinter die Arbeit legen, 1 Masche rechts, dann die Maschen der Zopfnadel links verschränkt stricken.

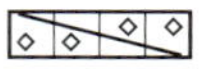
= in Hinreihen 2 Maschen auf einer Zopfnadel vor die Arbeit legen, 2 Maschen rechts verschränkt, dann die Maschen der Zopfnadel rechts verschränkt stricken.

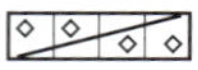
= in Hinreihen 2 Maschen auf einer Zopfnadel hinter die Arbeit legen, 2 Maschen rechts verschränkt, dann die Maschen der Zopfnadel rechts verschränkt stricken.

Muster-variationen

aus rechten und linken Maschen

Kaum zu glauben: Die effektvollen Muster auf den folgenden Seiten bestehen meist nur aus rechten und linken Maschen. Sie sind einfach zu stricken, ergeben aber interessante Strukturen, die besonders gut zur Geltung kommen, wenn sie aus einem glatten Garn gearbeitet werden.

Die Möglichkeiten sind vielfältig: Von einfachen Karos bis hin zu raffinierten Zacken-, Rauten- und Flechtmustern reicht das Spektrum der Variationen. Es lohnt sich auch, ein wenig zu experimentieren. So erscheint beispielsweise das kleine Perlmuster (Seite 24) in einer interessanten Tweed-Optik, wenn es mit einem Multicolor-Garn gestrickt oder jede Reihe in einer anderen Farbe gearbeitet wird.

Kleinere Muster eignen sich außerdem gut als Hintergrund, vor dem sich Zöpfe besonders plastisch abheben.

Mein Tipp: Werfen Sie stets auch einen Blick auf die Rückseite der Strickarbeit! Häufig erscheint dort ein neues reizvolles Muster.

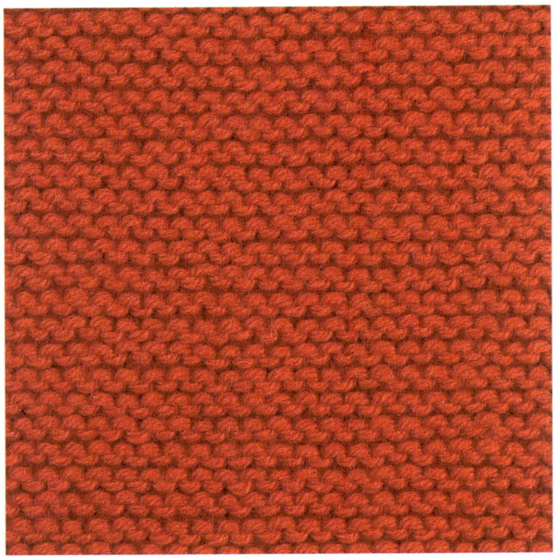

Kraus:

In jeder Reihe alle Maschen rechts stricken.

Glatt rechts:

1. Reihe (Hinreihe): Alle Maschen rechts stricken.

2. Reihe (Rückreihe): Alle Maschen links stricken.

Die 1. und 2. Reihe stets wiederholen.

Glatt links:

1. Reihe (Hinreihe): Alle Maschen links stricken.

2. Reihe (Rückreihe): Alle Maschen rechts stricken.

Die 1. und 2. Reihe stets wiederholen.

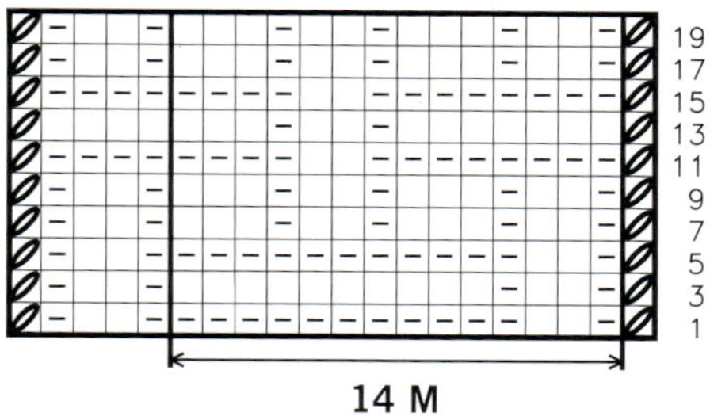

Maschenzahl teilbar durch 14 + 4 Maschen + 2 Randmaschen

In Hinreihen nach Strickschrift stricken, dabei nach der Randmasche den Rapport von 14 Maschen stets wiederholen und wie gezeichnet enden. In Rückreihen die Maschen stricken, wie sie erscheinen. Die 1.–20. Reihe stets wiederholen.

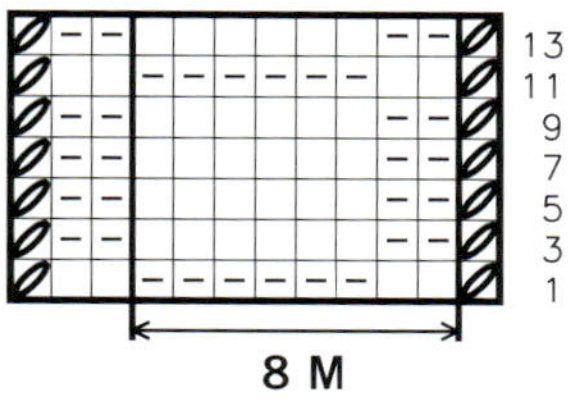

Maschenzahl teilbar durch 8 + 2 Maschen + 2 Randmaschen

In Hinreihen nach Strickschrift stricken, dabei nach der Randmasche den Rapport von 8 Maschen stets wiederholen und wie gezeichnet enden. In Rückreihen die Maschen stricken, wie sie erscheinen. Die 1.–14. Reihe stets wiederholen.

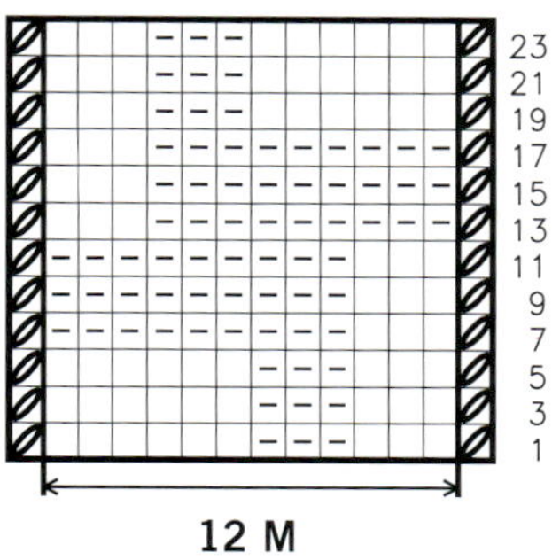

Maschenzahl teilbar durch 12 + 2 Randmaschen

In Hinreihen nach Strickschrift stricken, dabei nach der Randmasche den Rapport von 12 Maschen stets wiederholen. In Rückreihen alle Maschen links stricken. Die 1.–24. Reihe stets wiederholen.

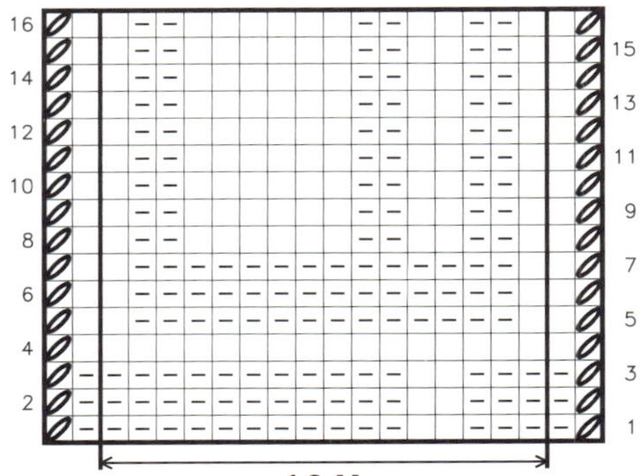

16 M

Maschenzahl teilbar durch 16 + 2 Maschen + 2 Randmaschen

In Hin- und Rückreihen nach Strickschrift stricken, dabei nach der Randmasche wie gezeichnet beginnen, den Rapport von 16 Maschen stets wiederholen und wie gezeichnet enden. Die 1.–16. Reihe stets wiederholen.

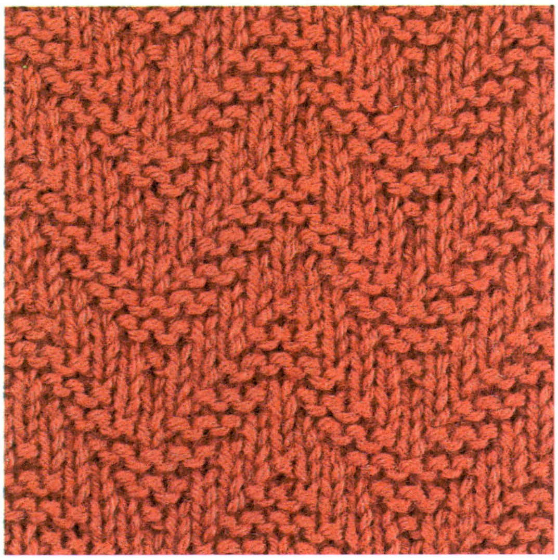

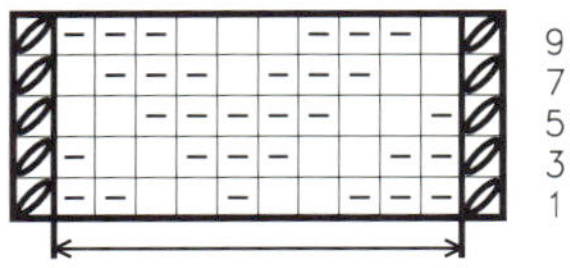

10 M

Maschenzahl teilbar durch 10 + 2 Randmaschen

In Hinreihen nach Strickschrift stricken, dabei nach der Randmasche den Rapport von 10 Maschen stets wiederholen. In Rückreihen alle Maschen links stricken. Die 1.–10. Reihe stets wiederholen.

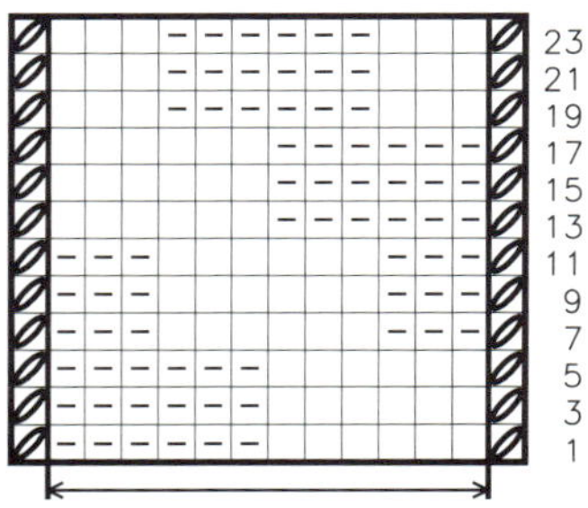

12 M

Maschenzahl teilbar durch 12 + 2 Randmaschen

In Hinreihen nach Strickschrift stricken, dabei nach der Randmasche den Rapport von 12 Maschen stets wiederholen, Randmasche. In Rückreihen alle Maschen links stricken. Die 1.–24. Reihe stets wiederholen.

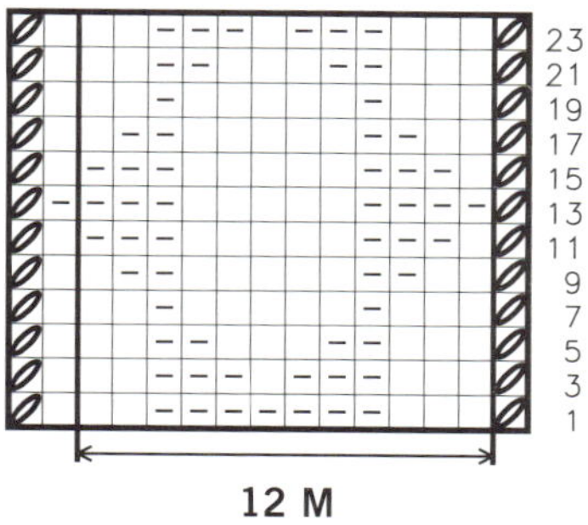

Maschenzahl teilbar durch 12 + 1 Masche + 2 Randmaschen

In Hinreihen nach Strickschrift stricken, dabei nach der Randmasche den Rapport von 12 Maschen stets wiederholen und wie gezeichnet enden. In Rückreihen alle Maschen links stricken. Die 1.–24. Reihe stets wiederholen.

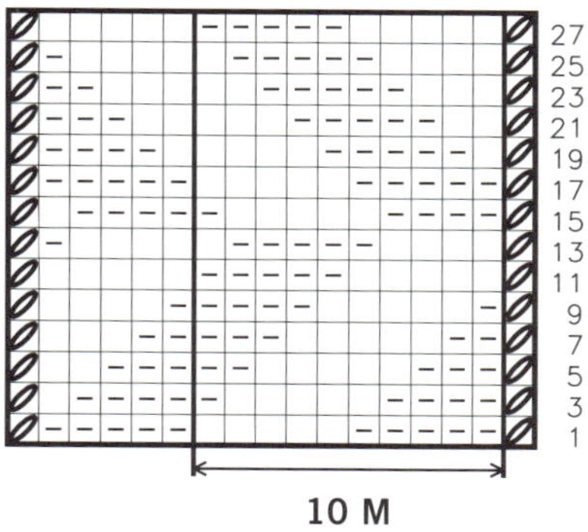

Maschenzahl teilbar durch 10 + 5 Maschen + 2 Randmaschen

In Hinreihen nach Strickschrift stricken, dabei nach der Randmasche den Rapport von 10 Maschen stets wiederholen und wie gezeichnet enden. In Rückreihen alle Maschen links stricken. Die 1.–28. Reihe stets wiederholen.

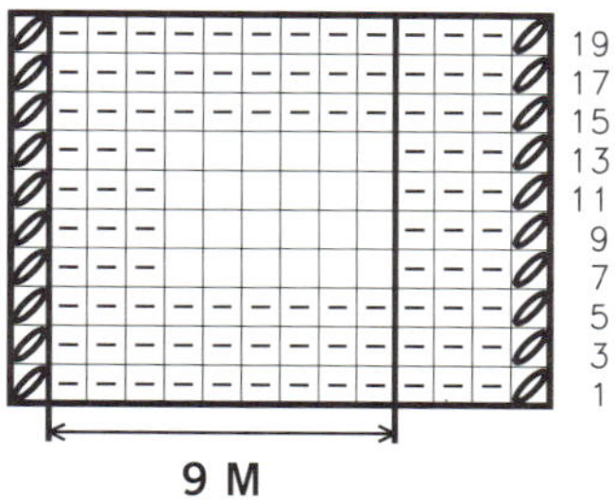

Maschenzahl teilbar durch 9 + 3 Maschen + 2 Randmaschen

In Hinreihen nach Strickschrift stricken, dabei nach der Randmasche den Rapport von 9 Maschen stets wiederholen und wie gezeichnet enden. In Rückreihen alle Maschen links stricken. Die 1.–20. Reihe stets wiederholen.

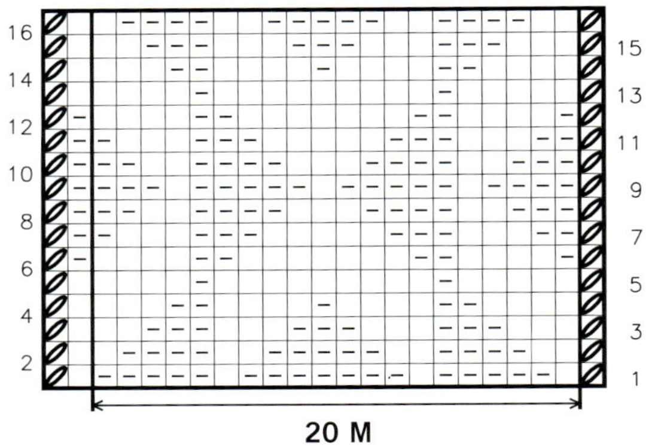

Maschenzahl teilbar durch 20 + 1 Masche + 2 Randmaschen

In Hin- und Rückreihen nach Strickschrift stricken, dabei wie gezeichnet beginnen, den Rapport von 20 Maschen stets wiederholen und wie gezeichnet enden.
Die 1.–16. Reihe stets wiederholen.

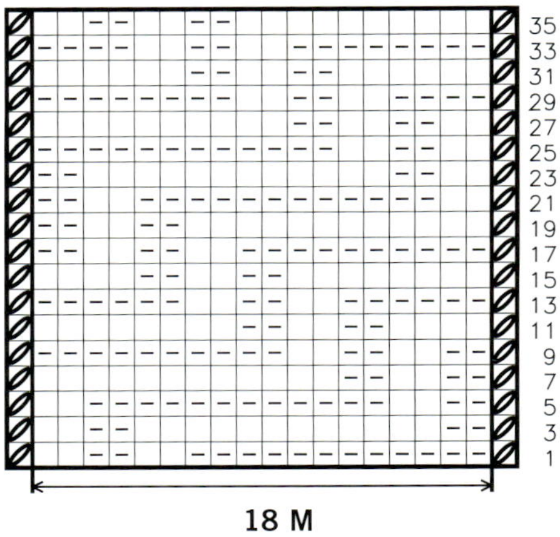

Maschenzahl teilbar durch 18 + 2 Randmaschen

In Hin- und Rückreihen nach Strickschrift stricken, dabei nach der Randmasche den Rapport von 18 Maschen stets wiederholen, Randmasche.
In Rückreihen die Maschen stricken, wie sie erscheinen.
Die 1.–36. Reihe stets wiederholen.

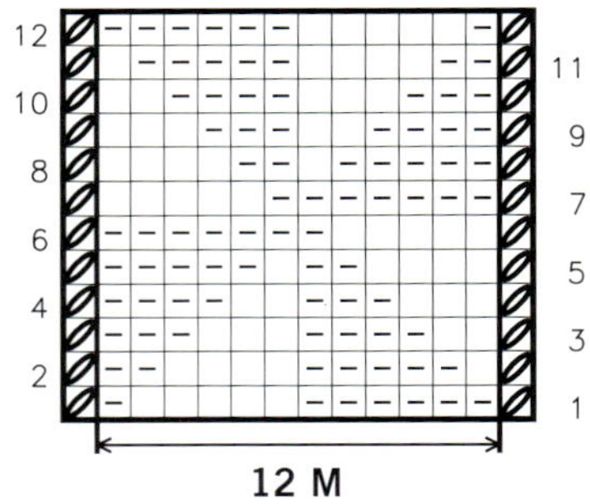

Maschenzahl teilbar durch 12 + 2 Randmaschen

In Hin- und Rückreihen nach Strickschrift stricken, dabei nach der Randmasche den Rapport von 12 Maschen stets wiederholen, Randmasche.
Die 1.–12. Reihe stets wiederholen.

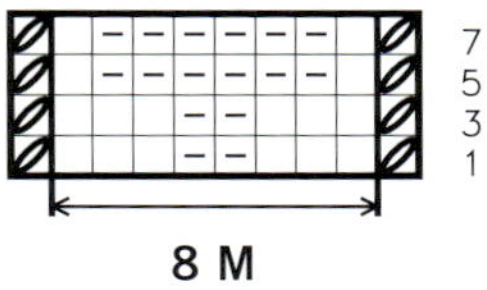

Maschenzahl teilbar durch 8 + 2 Randmaschen

In Hinreihen nach Strickschrift stricken, dabei nach der Randmasche den Rapport von 8 Maschen stets wiederholen, Randmasche. In Rückreihen die Maschen stricken, wie sie erscheinen.
Die 1.–8. Reihe stets wiederholen.

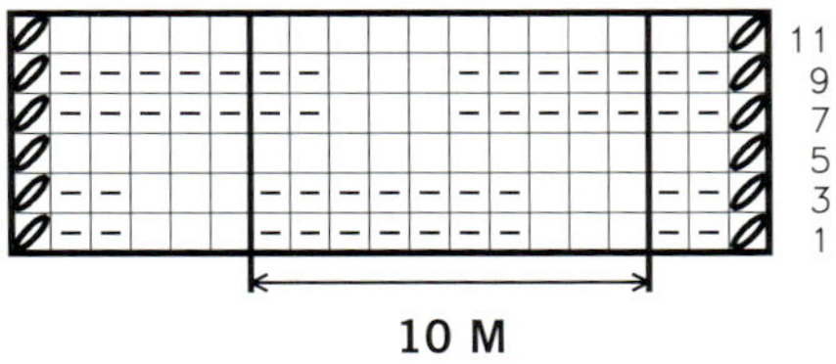

Maschenzahl teilbar durch 10 + 7 Maschen + 2 Randmaschen

In Hinreihen nach Strickschrift stricken, dabei nach der Randmasche wie gezeichnet beginnen, den Rapport von 10 Maschen stets wiederholen und wie gezeichnet enden. In Rückreihen die Maschen stricken, wie sie erscheinen.
Die 1.–12. Reihe stets wiederholen.

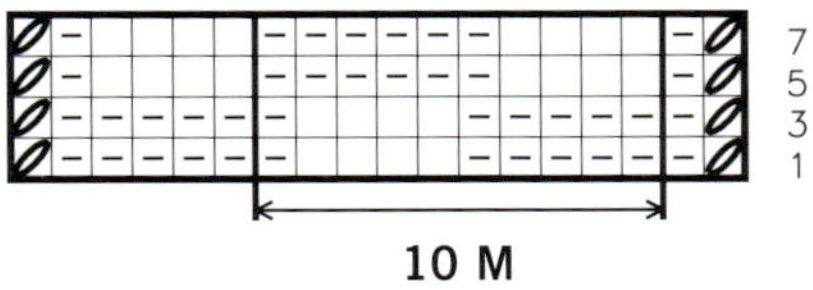

Maschenzahl teilbar durch 10 + 6 Maschen + 2 Randmaschen

In Hinreihen nach Strickschrift stricken, dabei wie gezeichnet beginnen, den Rapport von 10 Maschen stets wiederholen und wie gezeichnet enden. In Rückreihen die Maschen stricken, wie sie erscheinen.
Die 1.–8. Reihe stets wiederholen.

Mustervariationen aus rechten und linken Maschen

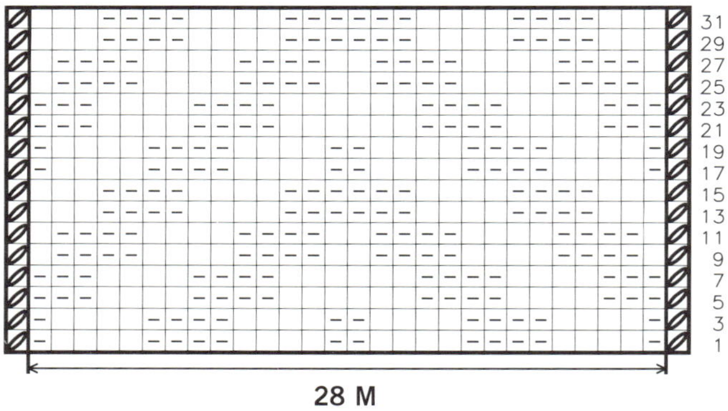

Maschenzahl teilbar durch 28 + 2 Randmaschen

In Hinreihen nach Strickschrift stricken, dabei nach der Randmasche den Rapport von 28 Maschen stets wiederholen, Randmasche.
In Rückreihen die Maschen stricken, wie sie erscheinen.
Die 1.–32. Reihe stets wiederholen.

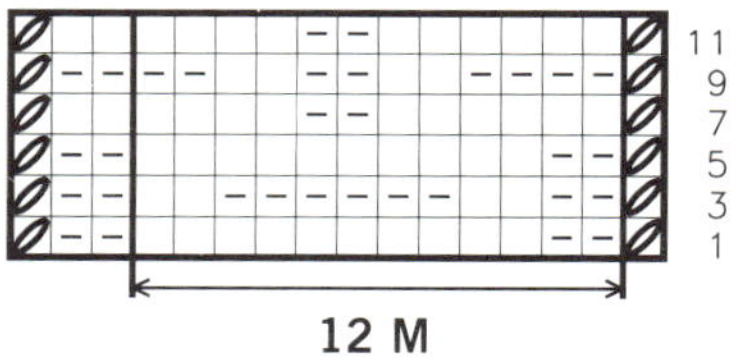

Maschenzahl teilbar durch 12 + 2 Maschen + 2 Randmaschen

In Hinreihen nach Strickschrift stricken, dabei nach der Randmasche den Rapport von 12 Maschen stets wiederholen und wie gezeichnet enden, Randmasche. In Rückreihen die Maschen stricken, wie sie erscheinen.
Die 1.–12. Reihe stets wiederholen.

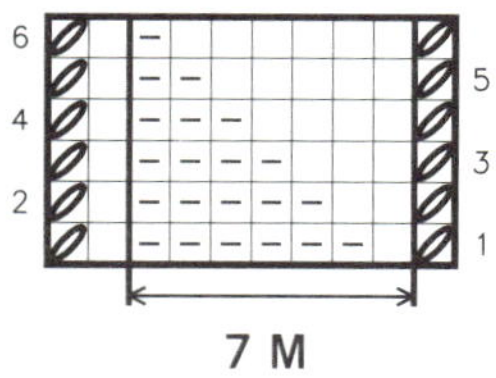

Maschenzahl teilbar durch 7 + 1 Masche + 2 Randmaschen

In Hin- und Rückreihen nach Strickschrift stricken. In den Hinreihen nach der Randmasche den Rapport von 7 Maschen stets wiederholen und wie gezeichnet enden.
Die 1.–6. Reihe stets wiederholen.

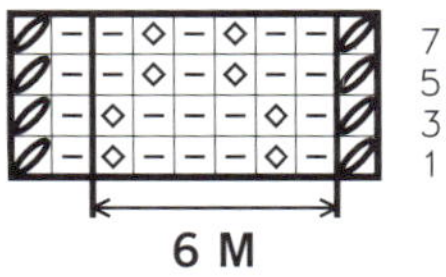

Maschenzahl teilbar durch 6 + 1 Masche + 2 Randmaschen

In Hinreihen nach Strickschrift stricken, dabei nach der Randmasche den Rapport von 6 Maschen stets wiederholen und wie gezeichnet enden. In den Rückreihen die Maschen stricken, wie sie erscheinen, die rechts verschränkten Maschen der Hinreihen links verschränkt stricken.
Die 1.–8. Reihe stets wiederholen.

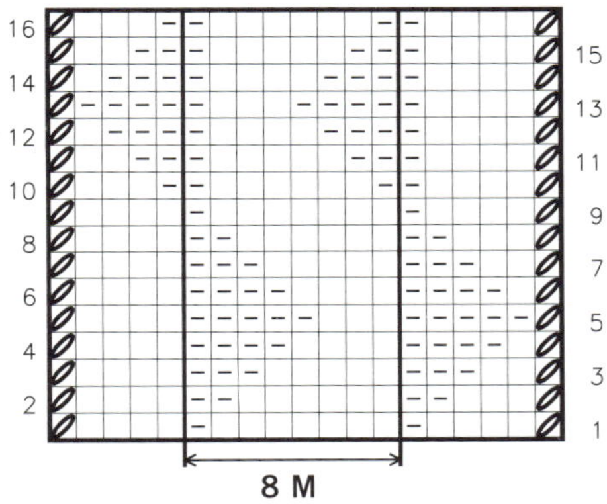

Maschenzahl teilbar durch 8 + 1 Masche + 2 Randmaschen

In Hin- und Rückreihen nach Strickschrift stricken, dabei wie gezeichnet beginnen, den Rapport von 8 Maschen stets wiederholen und wie gezeichnet enden.
Die 1.–16. Reihe stets wiederholen.

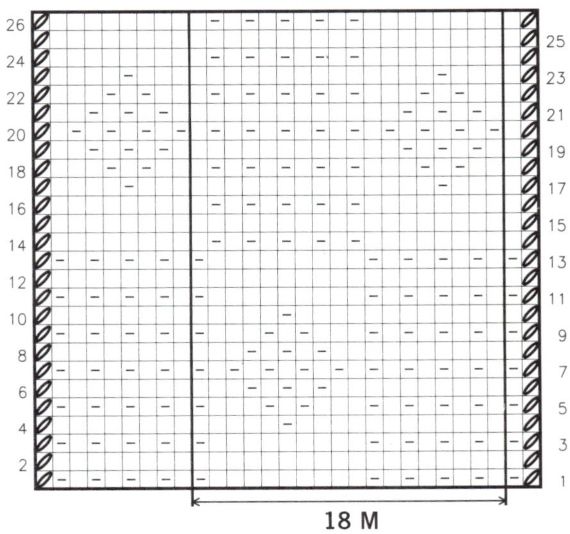

Maschenzahl teilbar durch 18 + 9 Maschen + 2 Randmaschen

In Hin- und Rückreihen nach Strickschrift stricken, dabei wie gezeichnet beginnen, den Rapport von 18 Maschen stets wiederholen und wie gezeichnet enden.
Die 1.–26. Reihe stets wiederholen.

Mustervariationen aus rechten und linken Maschen

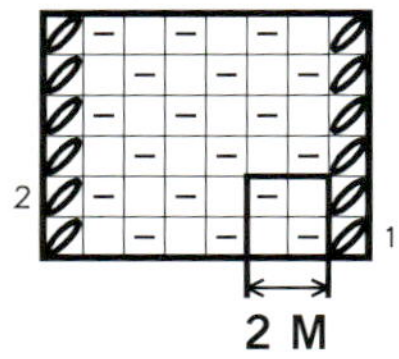

Gerade Maschenzahl

In Hin- und Rückreihen nach Strickschrift stricken, dabei nach der Randmasche den Rapport von 2 Maschen stets wiederholen. Die 1. und 2. Reihe stets wiederholen.

Wenn Sie dieses Muster mit mehreren Farben stricken, so erhalten Sie einen Tweedeffekt. Bei dem Beispiel wurde je ✲ 1 Reihe in Dunkelgrün, Mittelgrün und Hellgrün gestrickt, und diese 3 Reihen wurden ab ✲ stets wiederholt. Dafür stricken Sie in Reihen mit einer Rundstricknadel und schieben nach jeder Reihe die Maschen an das Nadelende mit dem erforderlichen Faden.

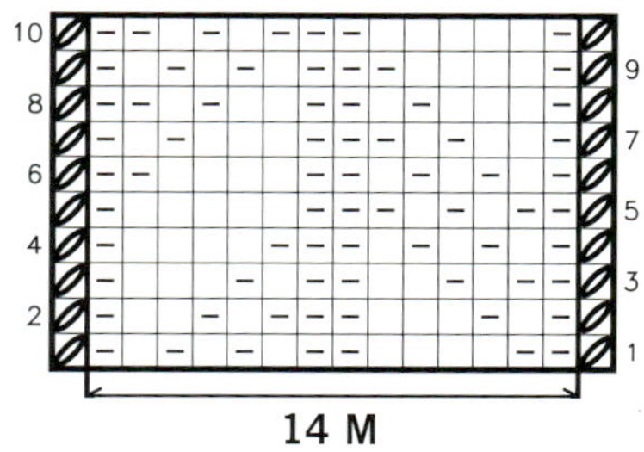

Maschenzahl teilbar durch 14 + 2 Randmaschen

In Hin- und Rückreihen nach Strickschrift stricken, dabei nach der Randmasche den Rapport von 14 Maschen stets wiederholen, Randmasche.
Die 1.–10. Reihe stets wiederholen.

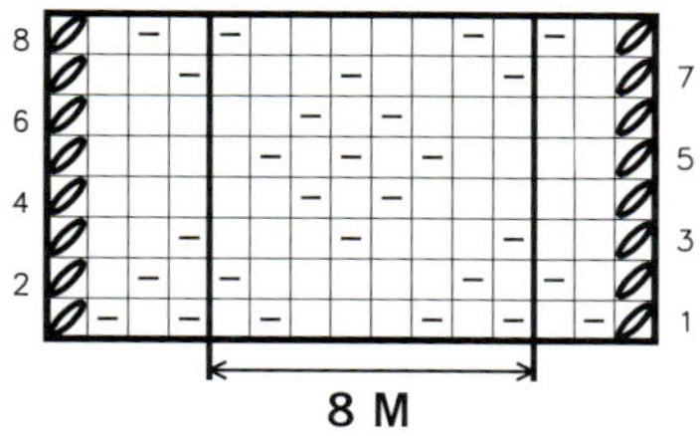

Maschenzahl teilbar durch 8 + 5 Maschen + 2 Randmaschen

In Hin- und Rückreihen nach Strickschrift stricken, dabei wie gezeichnet beginnen, den Rapport von 8 Maschen stets wiederholen und wie gezeichnet enden.
Die 1.–8. Reihe stets wiederholen.

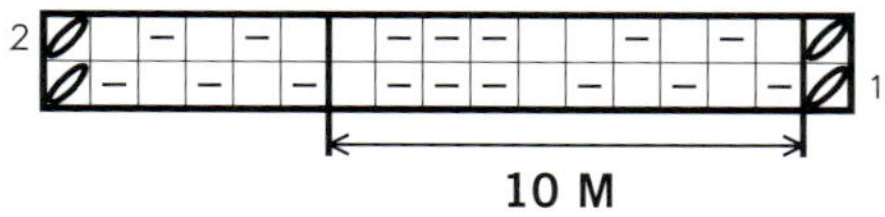

Maschenzahl teilbar durch 10 + 5 Maschen + 2 Randmaschen

In Hin- und Rückreihen nach Strickschrift stricken, dabei nach der Randmasche den Rapport von 10 Maschen stets wiederholen und wie gezeichnet enden.
Die 1. und 2. Reihe stets wiederholen.

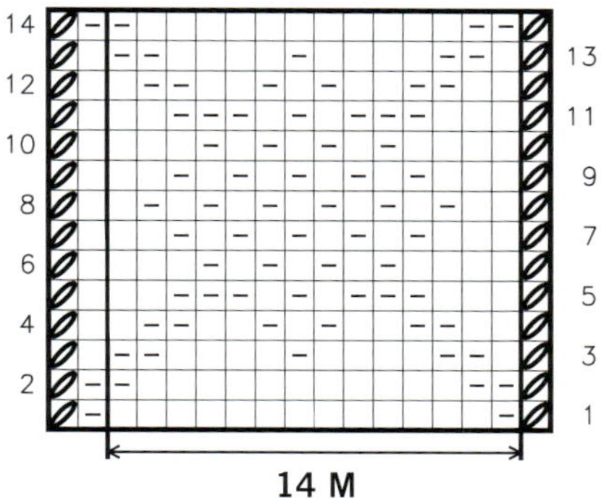

Maschenzahl teilbar durch 14 + 1 Masche + 2 Randmaschen

In Hin- und Rückreihen nach Strickschrift stricken, dabei in Hinreihen nach der Randmasche den Rapport von 14 Maschen stets wiederholen und wie gezeichnet enden.
Die 1.–14. Reihe stets wiederholen.

Mustervariationen aus rechten und linken Maschen

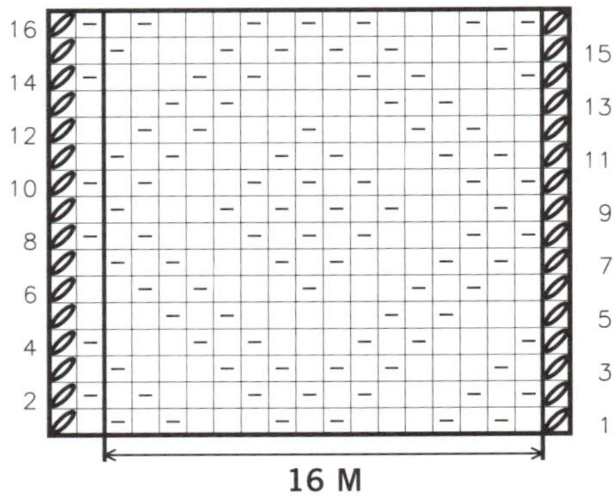

Maschenzahl teilbar durch 16 + 1 Masche + 2 Randmaschen

In Hin- und Rückreihen nach Strickschrift stricken, dabei in Hinreihen den Rapport von 16 Maschen stets wiederholen und wie gezeichnet enden.
Die 1.–16. Reihe stets wiederholen.

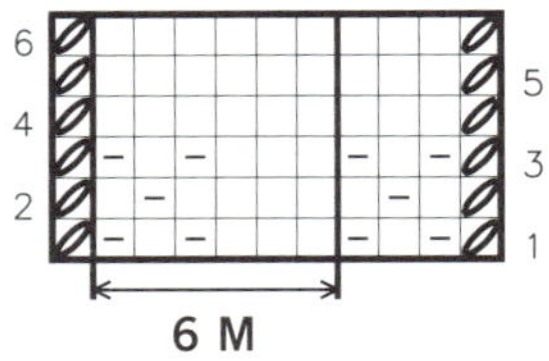

Maschenzahl teilbar durch 6 + 3 Maschen + 2 Randmaschen

In Hin- und Rückreihen nach Strickschrift stricken, dabei in Hinreihen wie gezeichnet beginnen, den Rapport von 6 Maschen stets wiederholen, Randmasche.
Die 1.–6. Reihe stets wiederholen.

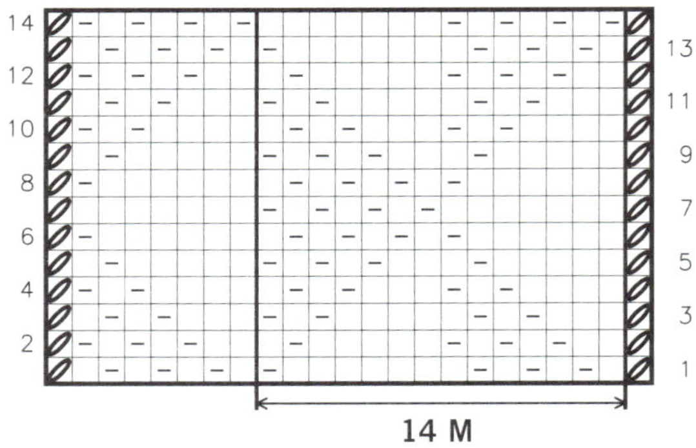

Maschenzahl teilbar durch 14 + 7 Maschen + 2 Randmaschen

In Hin- und Rückreihen nach Strickschrift stricken, dabei in Hinreihen nach der Randmasche den Rapport von 14 Maschen stets wiederholen und wie gezeichnet enden.
Die 1.–14. Reihe stets wiederholen.

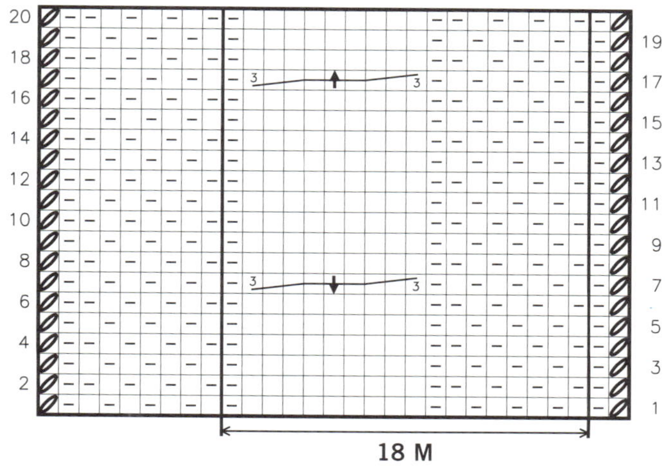

Maschenzahl teilbar durch 18 + 9 Maschen + 2 Randmaschen

In Hin- und Rückreihen nach Strickschrift stricken, dabei wie gezeichnet beginnen, den Rapport von 18 Maschen stets wiederholen und wie gezeichnet enden.
Die 1.–20. Reihe stets wiederholen.

= 3 Maschen auf 1. Zopfnadel hinter die Arbeit legen, 3 Maschen auf 2. Zopfnadel vor die Arbeit legen, 3 Maschen rechts, die Maschen der 2. Zopfnadel rechts, danach die Maschen der 1. Zopfnadel rechts stricken.

= 3 Maschen auf 1. Zopfnadel hinter die Arbeit legen, 3 Maschen auf 2. Zopfnadel hinter die 1. Zopfnadel legen, 3 Maschen rechts, die Maschen der 2. Zopfnadel rechts, danach die Maschen der 1. Zopfnadel rechts stricken.

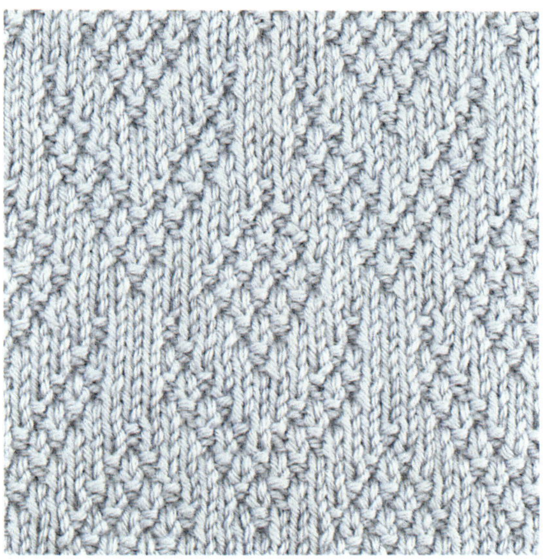

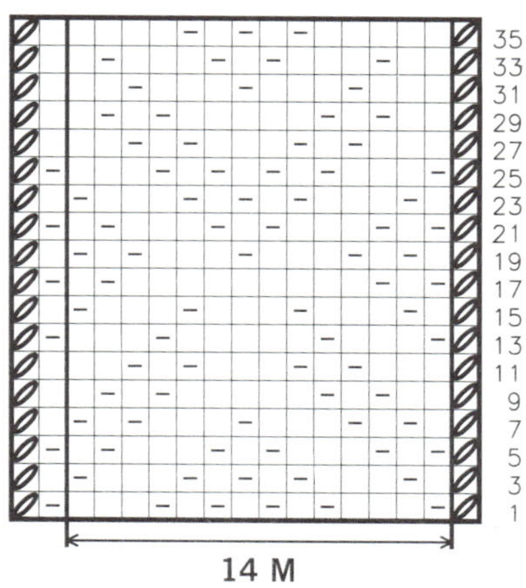

Maschenzahl teilbar durch 14 + 1 Masche + 2 Randmaschen

In Hinreihen nach Strickschrift stricken, dabei nach der Randmasche den Rapport von 14 Maschen stets wiederholen und wie gezeichnet enden.
In Rückreihen die Maschen stricken, wie sie erscheinen.
Die 1.–36. Reihe stets wiederholen.

Mustervariationen aus rechten und linken Maschen

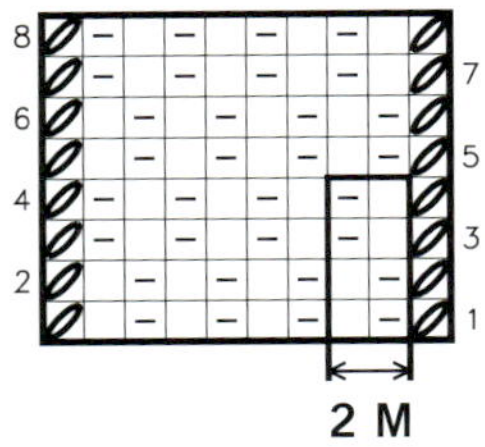

Gerade Maschenzahl

In Hin- und Rückreihen nach Strickschrift stricken, dabei in Hinreihen nach der Randmasche den Rapport von 2 Maschen stets wiederholen, Randmasche.
Die 1.–4. Reihe stets wiederholen.

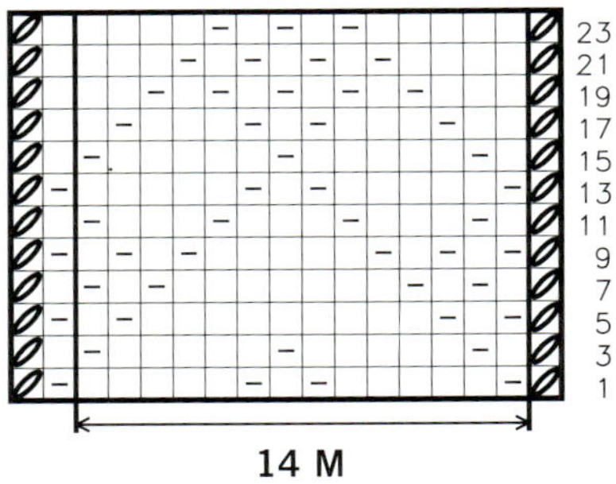

Maschenzahl teilbar durch 14 + 1 Masche + 2 Randmaschen

In Hinreihen nach Strickschrift stricken, dabei nach der Randmasche den Rapport von 14 Maschen stets wiederholen und wie gezeichnet enden. In Rückreihen die Maschen stricken, wie sie erscheinen.
Die 1.–24. Reihe stets wiederholen.

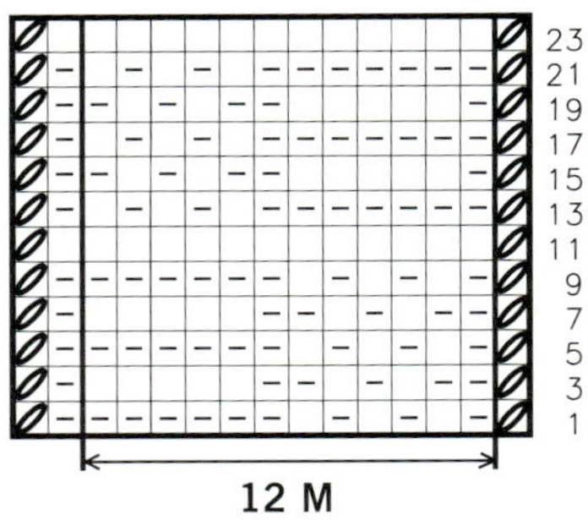

Maschenzahl teilbar durch 12 + 1 Masche + 2 Randmaschen

In Hinreihen nach Strickschrift stricken, dabei nach der Randmasche den Rapport von 12 Maschen stets wiederholen und wie gezeichnet enden. In Rückreihen die Maschen stricken, wie sie erscheinen.
Die 1.–24. Reihe stets wiederholen.

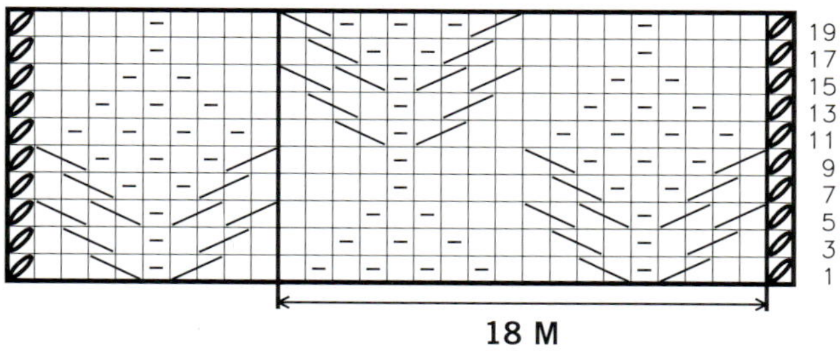

Maschenzahl teilbar durch 18 + 9 Maschen + 2 Randmaschen

In Hinreihen nach Strickschrift stricken, dabei nach der Randmasche den Rapport von 18 Maschen stets wiederholen und wie gezeichnet enden. In Rückreihen die Maschen stricken, wie sie erscheinen. Die 1.–20. Reihe stets wiederholen.

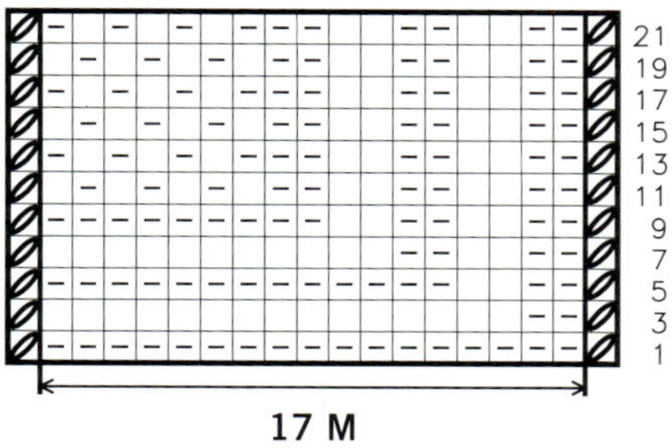

Maschenzahl teilbar durch 17 + 2 Randmaschen

In Hinreihen nach Strickschrift stricken, dabei nach der Randmasche den Rapport von 17 Maschen stets wiederholen. In Rückreihen die Maschen stricken, wie sie erscheinen. Die 1.–22. Reihe stets wiederholen.

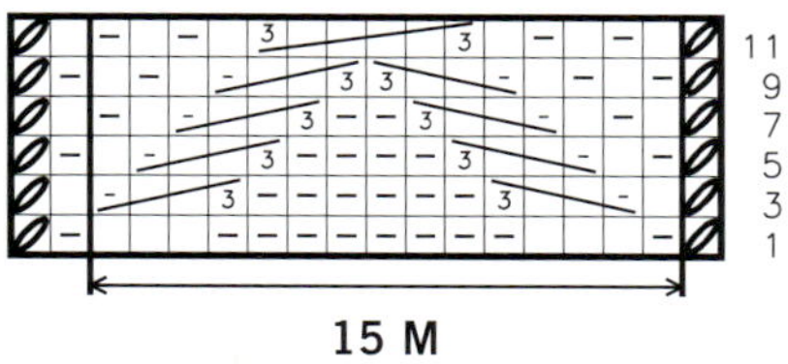

Maschenzahl teilbar durch 15 + 1 Masche + 2 Randmaschen

In Hinreihen nach Strickschrift stricken, dabei nach der Randmasche den Rapport von 15 Maschen stets wiederholen und wie gezeichnet enden. In Rückreihen die Maschen stricken, wie sie erscheinen. Die 1.–12. Reihe stets wiederholen.

Mustervariationen aus rechten und linken Maschen

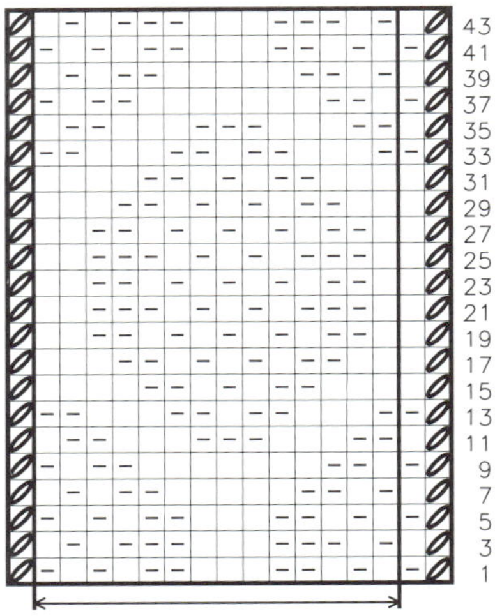

14 M

Maschenzahl teilbar durch 14 + 1 Masche + 2 Randmaschen

In Hinreihen nach Strickschrift stricken, dabei wie gezeichnet beginnen, den Rapport von 14 Maschen stets wiederholen, Randmasche. In Rückreihen die Maschen stricken, wie sie erscheinen.
Die 1.–44. Reihe stets wiederholen.

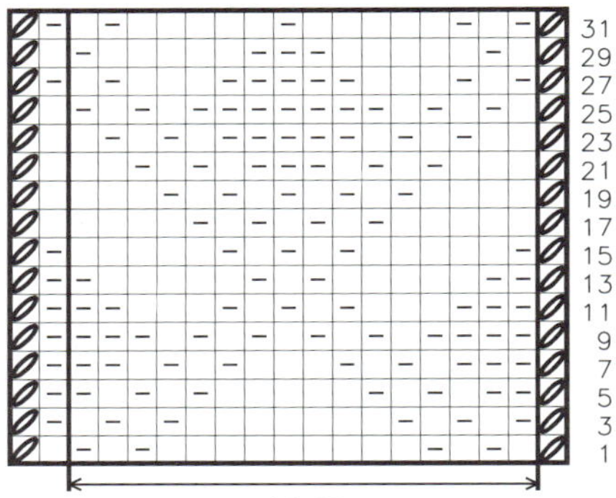

16 M

Maschenzahl teilbar durch 16 + 1 Masche + 2 Randmaschen

In Hinreihen nach Strickschrift stricken, dabei nach der Randmasche den Rapport von 16 Maschen stets wiederholen und wie gezeichnet enden. In Rückreihen die Maschen stricken, wie sie erscheinen.
Die 1.–32. Reihe stets wiederholen.

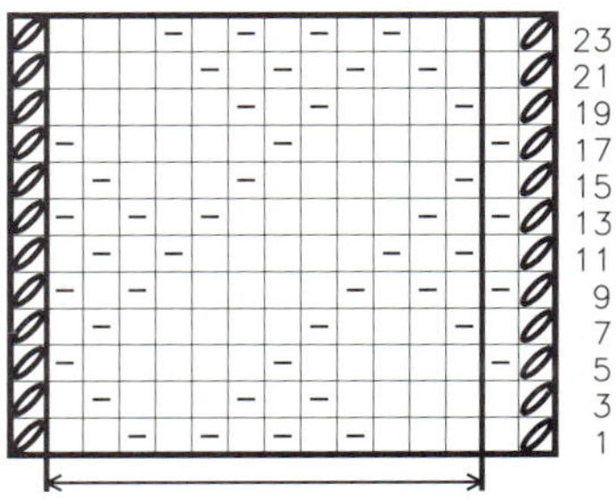

12 M

Maschenzahl teilbar durch 12 + 1 Masche + 2 Randmaschen

In Hinreihen nach Strickschrift stricken, dabei wie gezeichnet beginnen, den Rapport von 12 Maschen stets wiederholen, Randmasche. In Rückreihen die Maschen stricken, wie sie erscheinen.
Die 1.–24. Reihe stets wiederholen.

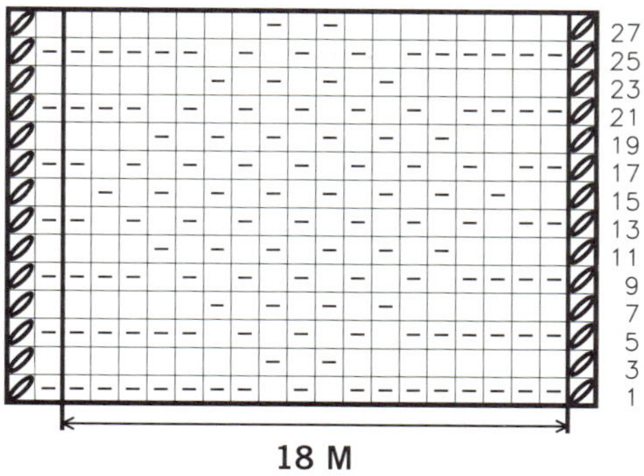

Maschenzahl teilbar durch 18 + 1 Masche + 2 Randmaschen

In Hinreihen nach Strickschrift stricken, dabei nach der Randmasche den Rapport von 18 Maschen stets wiederholen und wie gezeichnet enden. In Rückreihen die Maschen stricken, wie sie erscheinen. Die 1.–28. Reihe stets wiederholen.

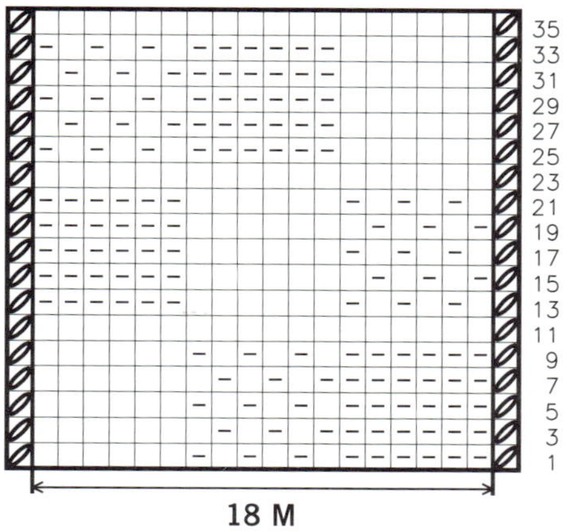

Maschenzahl teilbar durch 18 + 2 Randmaschen

In Hinreihen nach Strickschrift stricken, dabei nach der Randmasche den Rapport von 18 Maschen stets wiederholen. In Rückreihen die Maschen stricken, wie sie erscheinen. Die 1.–36. Reihe stets wiederholen.

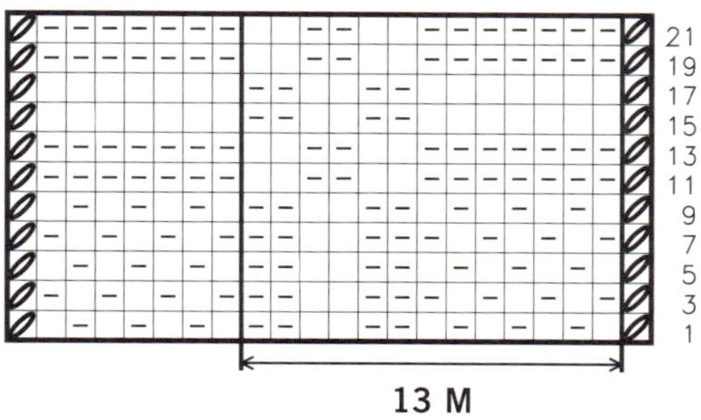

Maschenzahl teilbar durch 13 + 7 Maschen + 2 Randmaschen

In Hinreihen nach Strickschrift stricken, dabei nach der Randmasche den Rapport von 13 Maschen stets wiederholen und wie gezeichnet enden. In Rückreihen die Maschen stricken, wie sie erscheinen. Die 1.–22. Reihe stets wiederholen.

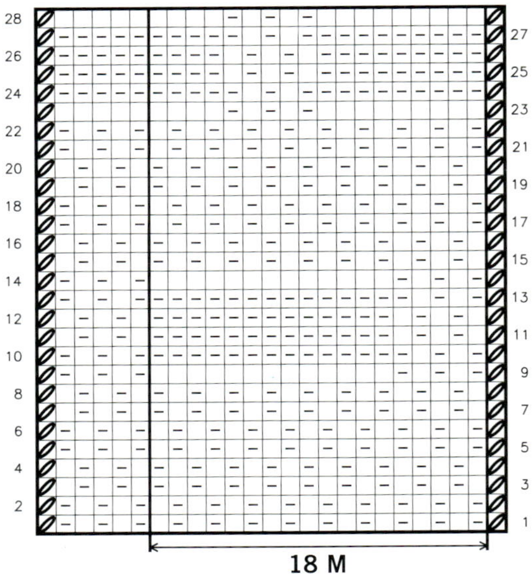

Maschenzahl teilbar durch 18 + 5 Maschen + 2 Randmaschen

In Hin- und Rückreihen nach Strickschrift stricken, dabei in Hinreihen nach der Randmasche den Rapport von 18 Maschen stets wiederholen und wie gezeichnet enden. Die 1.–28. Reihe stets wiederholen.

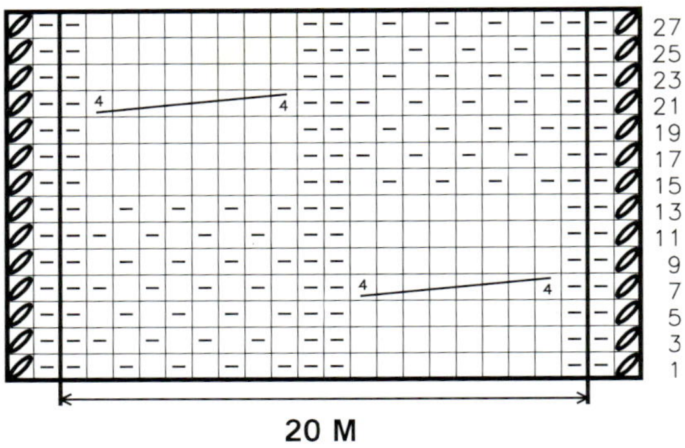

Maschenzahl teilbar durch 20 + 2 Maschen + 2 Randmaschen

In Hinreihen nach Strickschrift stricken, dabei wie gezeichnet beginnen, den Rapport von 20 Maschen stets wiederholen und wie gezeichnet enden. In Rückreihen die Maschen stricken, wie sie erscheinen.
Die 1.–28. Reihe stets wiederholen.

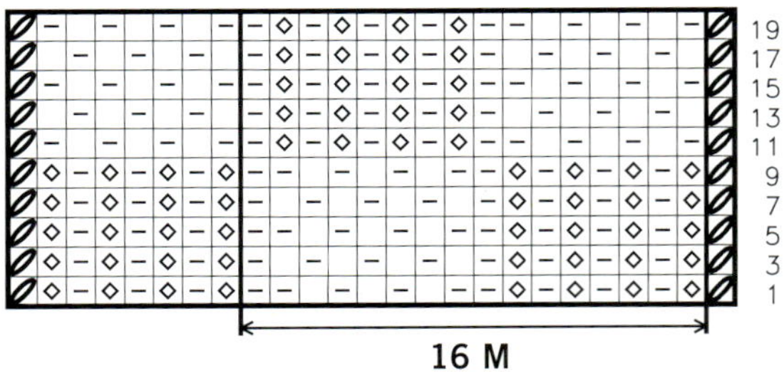

Maschenzahl teilbar durch 16 + 7 Maschen + 2 Randmaschen

In Hinreihen nach Strickschrift stricken, dabei nach der Randmasche den Rapport von 16 Maschen stets wiederholen und wie gezeichnet enden. In Rückreihen die Maschen stricken, wie sie erscheinen, die rechts verschränkten Maschen der Hinreihen links verschränkt stricken.
Die 1.–20. Reihe stets wiederholen.

Rippenmuster

Beim Stichwort „Rippenmuster“ denken die meisten Strickerinnen sicher vor allem an Bündchen für Pullover, Jacken oder Socken. Tatsächlich ergeben Längsrippen aus rechten und linken Maschen – meist 1 Masche rechts, 1 Masche links oder 2 Maschen rechts, 2 Maschen links im Wechsel gestrickt – ein besonders elastisches Gestrick, das sich für Bündchen anbietet.

Rippenmuster mit ihrer längs gestreiften Optik können aber auch aus beliebigen anderen Elementen wie Zöpfen oder Lochstreifen in Kombination mit rechten und linken Maschen bestehen. Lassen Sie sich von den vielfältigen Möglichkeiten überraschen!

Rippenmuster

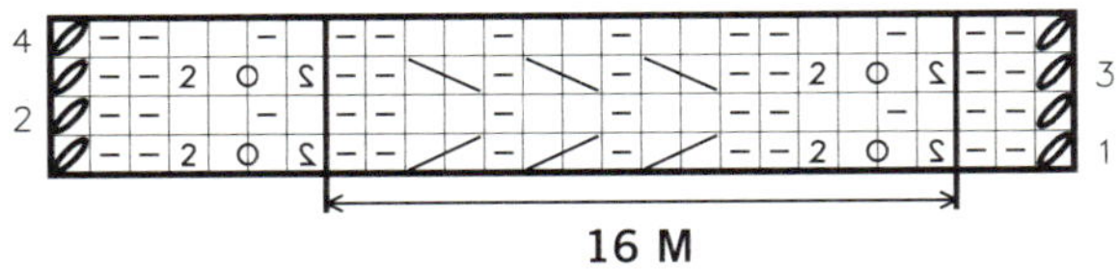

Maschenzahl teilbar durch 16 + 8 Maschen + 2 Randmaschen

In Hin- und Rückreihen nach Strickschrift stricken, dabei wie gezeichnet beginnen, den Rapport von 16 Maschen stets wiederholen und wie gezeichnet enden. In den Rückreihen wie gezeichnet 1 Masche links und 1 Masche rechts aus dem Umschlag stricken.
Die 1.–4. Reihe stets wiederholen.

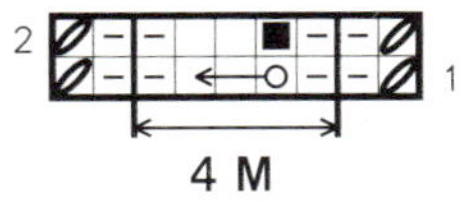

Maschenzahl teilbar durch 4 + 2 Maschen + 2 Randmaschen

In Hin- und Rückreihen nach Strickschrift stricken, dabei wie gezeichnet beginnen, den Rapport von 4 Maschen stets wiederholen und wie gezeichnet enden.
Die 1.und 2. Reihe stets wiederholen.

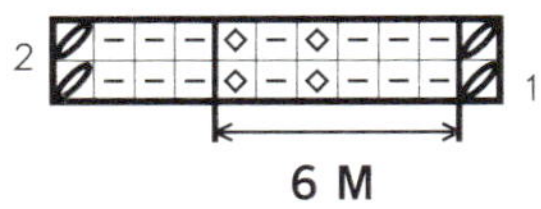

Maschenzahl teilbar durch 6 + 3 Maschen + 2 Randmaschen

In Hin- und Rückreihen nach Strickschrift stricken, dabei in Hinreihen nach der Randmasche den Rapport von 6 Maschen stets wiederholen und wie gezeichnet enden.
Die 1. und 2. Reihe stets wiederholen.

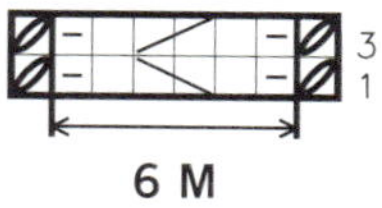

Maschenzahl teilbar durch 6 + 2 Randmaschen

In Hinreihen nach Strickschrift stricken, dabei wie gezeichnet beginnen, den Rapport von 6 Maschen stets wiederholen und wie gezeichnet enden. In Rückreihen die Maschen stricken, wie sie erscheinen.
Die 1.–4. Reihe stets wiederholen.

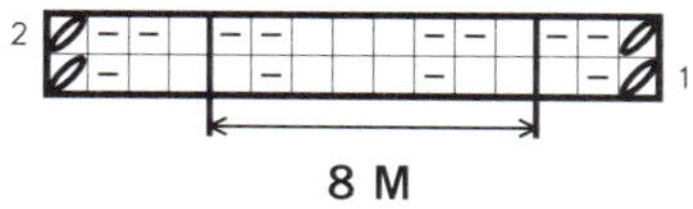

Maschenzahl teilbar durch 8 + 5 Maschen + 2 Randmaschen

In Hin- und Rückreihen nach Strickschrift stricken, dabei wie gezeichnet beginnen, den Rapport von 8 Maschen stets wiederholen und wie gezeichnet enden.
Die 1. und 2. Reihe stets wiederholen.

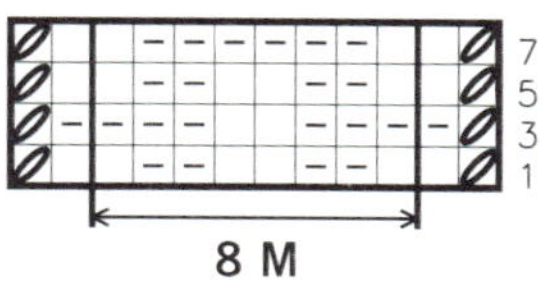

Maschenzahl teilbar durch 8 + 2 Maschen + 2 Randmaschen

In Hinreihen nach Strickschrift stricken, dabei wie gezeichnet beginnen, den Rapport von 8 Maschen stets wiederholen und wie gezeichnet enden. In Rückreihen die Maschen stricken, wie sie erscheinen.
Die 1.–8. Reihe stets wiederholen.

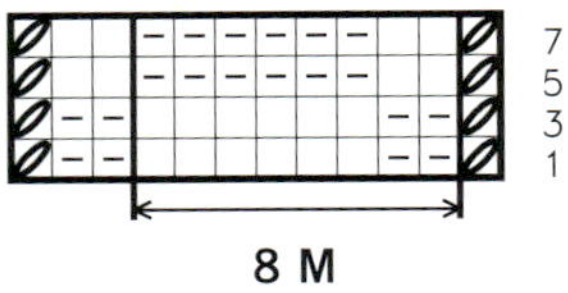

Maschenzahl teilbar durch 8 + 2 Maschen + 2 Randmaschen

In Hinreihen nach Strickschrift stricken, dabei nach der Randmasche den Rapport von 8 Maschen stets wiederholen und wie gezeichnet enden. In Rückreihen die Maschen stricken, wie sie erscheinen.
Die 1.–8. Reihe stets wiederholen.

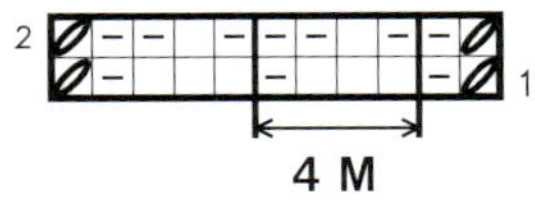

Maschenzahl teilbar durch 4 + 1 Masche + 2 Randmaschen

In Hin- und Rückreihen nach Strickschrift stricken, dabei wie gezeichnet beginnen, den Rapport von 4 Maschen stets wiederholen und wie gezeichnet enden.
Die 1. und 2. Reihe stets wiederholen.

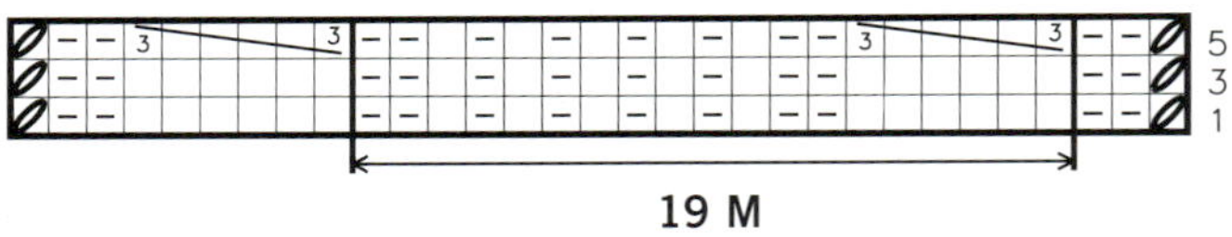

Maschenzahl teilbar durch 19 + 10 Maschen + 2 Randmaschen

In Hinreihen nach Strickschrift stricken, dabei wie gezeichnet beginnen, den Rapport von 19 Maschen stets wiederholen und wie gezeichnet enden. In Rückreihen die Maschen stricken, wie sie erscheinen.
Die 1.–6. Reihe stets wiederholen.

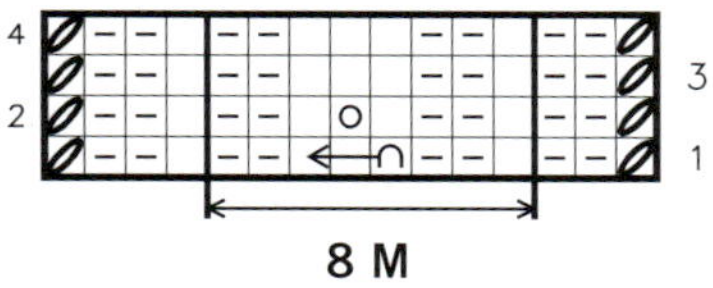

Maschenzahl teilbar durch 8 + 5 Maschen + 2 Randmaschen

In Hin- und Rückreihen nach Strickschrift stricken, dabei wie gezeichnet beginnen, den Rapport von 8 Maschen stets wiederholen und wie gezeichnet enden.
Die 1.–4. Reihe stets wiederholen.

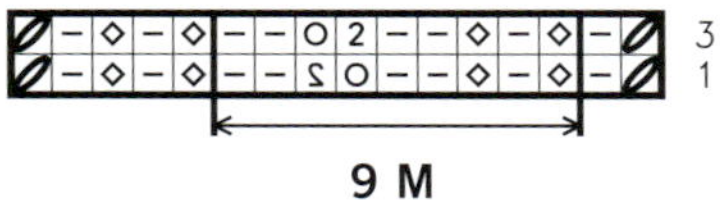

Maschenzahl teilbar durch 9 + 5 Maschen + 2 Randmaschen

In Hinreihen nach Strickschrift stricken, dabei wie gezeichnet beginnen, den Rapport von 9 Maschen stets wiederholen und wie gezeichnet enden. In Rückreihen die Maschen stricken, wie sie erscheinen, die rechts verschränkten Maschen der Hinreihen links verschränkt und die Umschläge links stricken.
Die 1.–4. Reihe stets wiederholen.

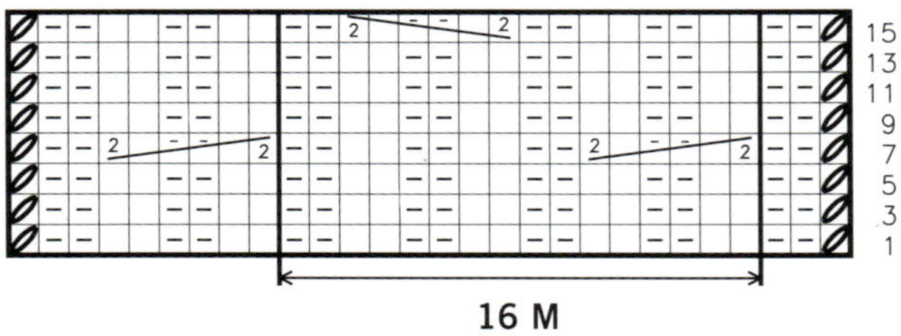

Maschenzahl teilbar durch 16 + 10 Maschen + 2 Randmaschen

In Hinreihen nach Strickschrift stricken, dabei wie gezeichnet beginnen, den Rapport von 16 Maschen stets wiederholen und wie gezeichnet enden. In Rückreihen die Maschen stricken, wie sie erscheinen.
Die 1.–16. Reihe stets wiederholen.

Patentmuster

Für warme Pullover – etwa die klassischen Troyer – und mollige Schals sind Patentmuster seit jeher beliebt, denn sie ergeben ein besonders voluminöses und weiches Gestrick, das beim Vollpatent außerdem auf beiden Seiten gleich aussieht.

Denken Sie jedoch daran, dass der Materialverbrauch bei diesen Mustern erheblich höher ist als sonst üblich. Da sich patentgestrickte Modelle leicht dehnen, sollten sie ziemlich fest, also mit dünneren Nadeln als gewohnt, gearbeitet werden.

Beachten Sie auch, dass Patentmuster besonders viele Reihen auf 10 cm erfordern und deshalb nur mit Mustern mit ähnlicher Maschenprobe kombiniert werden sollten. Geeignet sind zum Beispiel kraus rechtes Gestrick oder Muster mit abgehobenen Maschen.

Sehr effektvoll ist das zweifarbige Vollpatentmuster (siehe auch Seite 39), bei dem die erhabenen „rechten" Rippen auf der Vorderseite in Farbe 1, auf der Rückseite in Farbe 2 erscheinen. Was so verblüffend aussieht, ist gar nicht kompliziert zu stricken: Arbeiten Sie auf einer Rundnadel immer zwei Hin- und zwei Rückreihen nacheinander, wobei jeweils die erste der beiden Reihen in Farbe 1, die zweite in Farbe 2 gestrickt wird. Alle Maschen, die in der Reihe zuvor ohne Umschlag gestrickt wurden, werden jeweils mit einem Umschlag links abgehoben; alle Maschen, die zuvor mit Umschlag abgehoben wurden, werden nun mit diesem Umschlag rechts oder links zusammengestrickt.

Vollpatent: Ungerade Maschenzahl

1. Reihe (Rückreihe): Randmasche, ✲ 1 Masche rechts, 1 Masche mit 1 Umschlag links abheben, ab ✲ wiederholen, enden mit 1 Masche rechts, Randmasche.

2. Reihe: (Hinreihe): Randmasche, 1 Masche mit 1 Umschlag links abheben, ✲ 1 Masche mit dem Umschlag rechts zusammenstricken, 1 Masche mit 1 Umschlag links abheben, ab ✲ wiederholen, Randmasche.

3. Reihe: Randmasche, ✲ 1 Masche mit dem Umschlag rechts zusammenstricken, 1 Masche mit 1 Umschlag links abheben, ab ✲ wiederholen, enden mit 1 Masche mit dem Umschlag rechts zusammenstricken, Randmasche.

Nach der 1. Reihe die 2. und 3. Reihe stets wiederholen.

Zweifarbiges Vollpatent: Ungerade Maschenzahl

Dieses Muster wird auf einer Rundstricknadel in Reihen gestrickt, da nacheinander immer 2 Hinreihen und 2 Rückreihen gestrickt werden. Nach der 1. Hinreihe schieben Sie die Maschen zurück an das rechte Nadelende und stricken die 2. Hinreihe, dann stricken Sie die 3. Reihe = Rückreihe, schieben die Maschen zurück und stricken die 4. Reihe.
Damit der Rand gleichmäßig fest wird, sollten Sie die Randmaschen in allen ungeraden Reihen links, in allen geraden Reihen rechts stricken.

1. Reihe (Hinreihe), Violett: Randmasche, ✲ 1 Masche links, 1 Masche mit 1 Umschlag links abheben, ab ✲ wiederholen, enden mit 1 Masche links, Randmasche.

2. Reihe (Hinreihe), Silber: Randmasche, ✲ 1 Masche mit 1 Umschlag links abheben, 1 Masche mit dem Umschlag rechts zusammenstricken, ab ✲ wiederholen, enden mit 1 Masche mit 1 Umschlag links abheben, Randmasche.

3. Reihe (Rückreihe), Violett: Randmasche, 1 Masche mit dem Umschlag rechts zusammenstricken, ✲ 1 Masche mit 1 Umschlag links abheben, 1 Masche mit dem Umschlag rechts zusammenstricken, ab ✲ wiederholen, Randmasche.

4. Reihe (Rückreihe), Silber: Randmasche, 1 Masche mit 1 Umschlag links abheben, ✲ 1 Masche mit dem Umschlag links zusammenstricken, 1 Masche mit 1 Umschlag links abheben, ab ✲ wiederholen, Randmasche.

5. Reihe (Hinreihe), Violett: Randmasche, ✲ 1 Masche mit dem Umschlag links zusammenstricken, 1 Masche mit 1 Umschlag links abheben, ab ✲ wiederholen, enden mit 1 Masche mit dem Umschlag links zusammenstricken, Randmasche.

Nach der 1. Reihe die 2.–5. Reihe stets wiederholen.

Halbpatent: Ungerade Maschenzahl

1. Reihe (Rückreihe): Randmasche, ✲ 1 Masche rechts, 1 Masche mit 1 Umschlag links abheben, ab ✲ wiederholen, enden mit 1 Masche rechts, Randmasche.

2. Reihe: Randmasche, ✲ 1 Masche links, folgende Masche mit dem Umschlag rechts zusammenstricken, ab ✲ wiederholen, enden mit 1 Masche links, Randmasche.

Die 1. und 2. Reihe stets wiederholen.

Bei diesem Muster kann sowohl die „glatte" Seite, siehe Muster links, die fast wie das Vollpatentmuster aussieht, als auch die andere Seite, siehe Muster links darunter, nach außen genommen werden. Beschrieben ist das Muster für die „glatte" Seite als Außenseite.

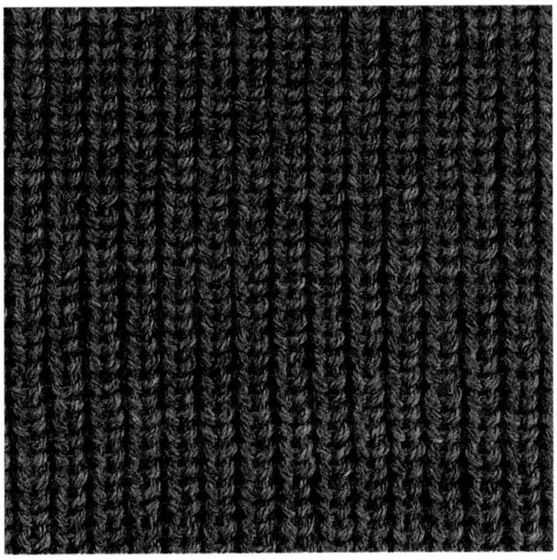

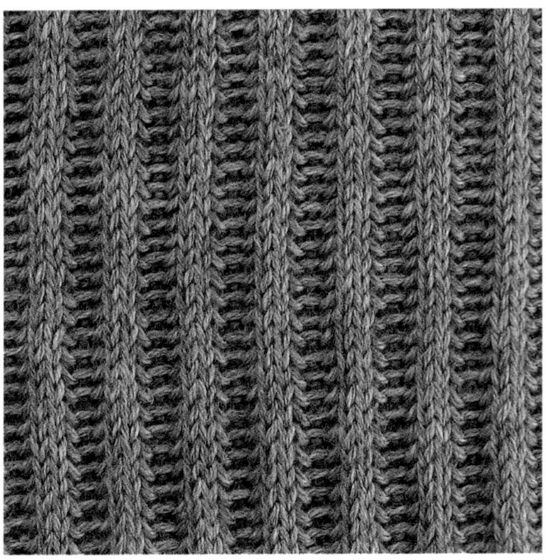

Maschenzahl teilbar durch 4 + 2 Maschen + 2 Randmaschen

1. Reihe (Rückreihe): Randmasche, ✲ 2 Maschen rechts, 2 Maschen mit 1 Umschlag links abheben (= 1 Umschlag arbeiten und die folgenden 2 Maschen links abheben), ab ✲ wiederholen, enden mit 2 Maschen rechts, Randmasche.

2. Reihe: Randmasche, 2 Maschen mit 1 Umschlag links abheben, ✲ jede der beiden folgenden Maschen mit dem Umschlag rechts zusammenstricken (= die 1. Masche mit dem Umschlag rechts zusammenstricken, den Umschlag aber noch auf der linken Nadel lassen, dann die 2. Masche mit dem Umschlag rechts zusammenstricken), 2 Maschen mit 1 Umschlag links abheben, ab ✲ wiederholen, Randmasche.

3. Reihe: Randmasche, ✲ jede der beiden folgenden Maschen mit dem Umschlag rechts zusammenstricken, 2 Maschen mit 1 Umschlag links abheben, ab ✲ wiederholen, enden mit jede der beiden folgenden Maschen mit dem Umschlag rechts zusammenstricken, Randmasche.

Nach der 1. Reihe die 2. und 3. Reihe stets wiederholen.

Netzpatent: Gerade Maschenzahl

1. Reihe (Rückreihe): Randmasche, ✲ 1 Masche mit 1 Umschlag links abheben, 1 Masche rechts, ab ✲ wiederholen, Randmasche.

2. Reihe (Hinreihe): Randmasche, ✲ 2 Maschen rechts, den Umschlag der Vorreihe links abheben (Faden hinter dem Umschlag), ab ✲ wiederholen, Randmasche.

3. Reihe: Randmasche, ✲ 1 Masche mit dem Umschlag rechts zusammenstricken, folgende Masche mit 1 Umschlag links abheben, ab ✲ wiederholen, Randmasche.

4. Reihe: Randmasche, ✲ 1 Masche rechts, den Umschlag der Vorreihe links abheben, 1 Masche rechts, ab ✲ wiederholen, Randmasche.

5. Reihe: Randmasche, ✲ 1 Masche mit 1 Umschlag links abheben, die folgende Masche mit dem Umschlag rechts zusammenstricken, ab ✲ wiederholen, Randmasche.

Nach der 1. Reihe die 2.–5. Reihe stets wiederholen.

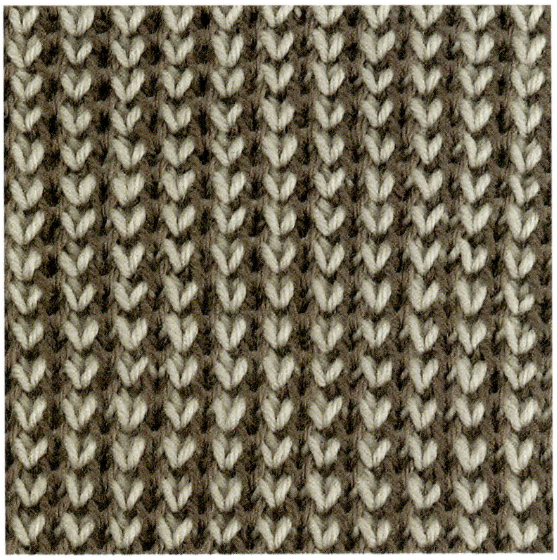

Zweifarbiges Netzpatent: Gerade Maschenzahl

1. Reihe (Rückreihe), Silber: Randmasche, ✲ 1 Masche mit 1 Umschlag links abheben, 1 Masche rechts, ab ✲ wiederholen, Randmasche.

2. Reihe (Hinreihe), Silber: Randmasche, ✲ 2 Maschen rechts, den Umschlag der Vorreihe links abheben (Faden hinter dem Umschlag), ab ✲ wiederholen, Randmasche.

3. Reihe, Violett: Randmasche, ✲ 1 Masche mit dem Umschlag rechts zusammenstricken, folgende Masche mit 1 Umschlag links abheben, ab ✲ wiederholen, Randmasche.

4. Reihe, Violett: Randmasche, ✲ 1 Masche rechts, den Umschlag der Vorreihe links abheben, 1 Masche rechts, ab ✲ wiederholen, Randmasche.

5. Reihe, Silber: Randmasche, ✲ 1 Masche mit 1 Umschlag links abheben, die folgende Masche mit dem Umschlag rechts zusammenstricken, ab ✲ wiederholen, Randmasche.

6. Reihe (Hinreihe), Silber: Randmasche, ✲ 2 Maschen rechts, den Umschlag der Vorreihe links abheben, ab ✲ wiederholen, Randmasche.

Nach der 1. und 2. Reihe die 3.–6. Reihe stets wiederholen.

Auch mit 3 Farben gestrickt, siehe Muster links, ist dieses Muster sehr wirkungsvoll. Bei der Abbildung sind je 2 Reihen in der Farbfolge Silber, Violett und Rosé gestrickt und diese Farbfolge wurde stets wiederholt.

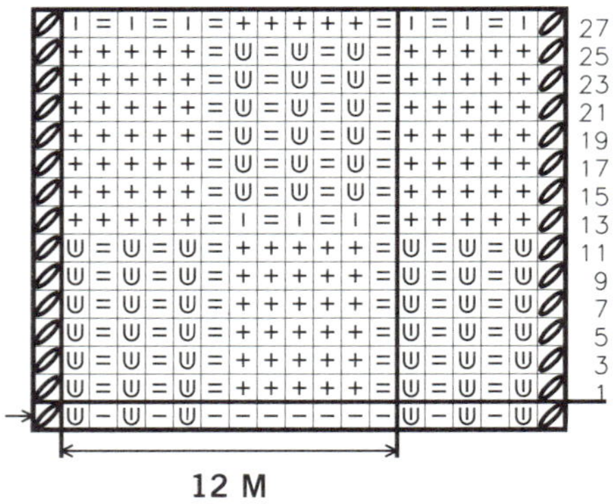

Maschenzahl teilbar durch 12 + 5 Maschen + 2 Randmaschen

Das Muster beginnt mit 1 Rückreihe, dabei nach der Randmasche den Rapport von 12 Maschen stets wiederholen und wie gezeichnet enden. Danach in Hinreihen nach Strickschrift stricken. In Rückreihen die Maschen stricken, wie in der Zeichenerklärung erklärt. Nach der Rückreihe, siehe Pfeil, die 1.–28. Reihe stets wiederholen.

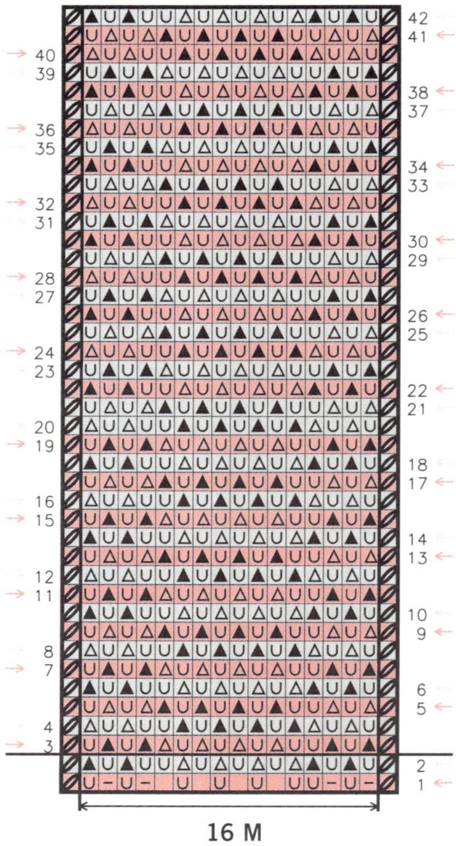

Maschenzahl teilbar durch 16 + 2 Randmaschen

In Hin- und Rückreihen mit einer Rundstricknadel nach Strickschrift stricken, dabei nach der Randmasche den Rapport stets wiederholen. Es werden immer abwechselnd 2 Hinreihen und 2 Rückreihen in den Farben wie gezeichnet gestrickt. Nach der 1. Hinreihe die Maschen zurück an das rechte Nadelende schieben und die 2. Hinreihe stricken, die 3. Reihe = Rückreihe stricken, die Maschen zurückschieben und die 4. Reihe stricken usw. Nach der 1. und 2. Reihe die 3.–42. Reihe stets wiederholen.

Hinweis: Damit die Randmaschen fest werden, werden diese in ungeraden Reihen links, in geraden Reihen rechts gestrickt.

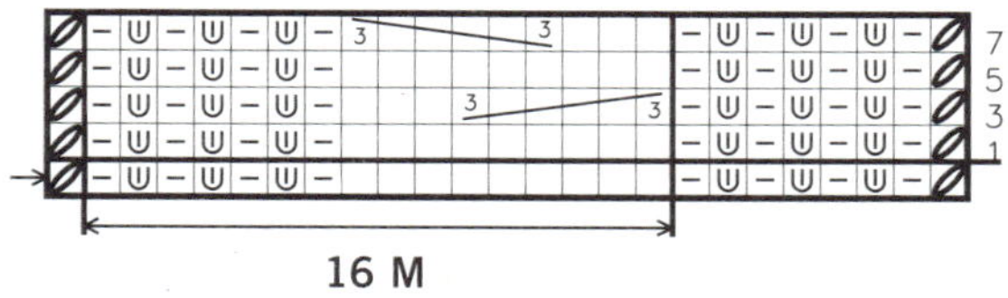

Maschenzahl teilbar durch 16 + 7 Maschen + 2 Randmaschen

Das Muster beginnt mit 1 Rückreihe, dabei nach der Randmasche den Rapport von 16 Maschen stets wiederholen und wie gezeichnet enden. Danach in Hinreihen nach Strickschrift stricken, dabei wie gezeichnet beginnen, den Rapport stets wiederholen, Randmasche. In Rückreihen die Maschen stricken, wie sie erscheinen bzw. wie in der Zeichenerklärung erklärt.
Die Rückreihe stricken, siehe Pfeil, dann die 1.–8. Reihe stets wiederholen.

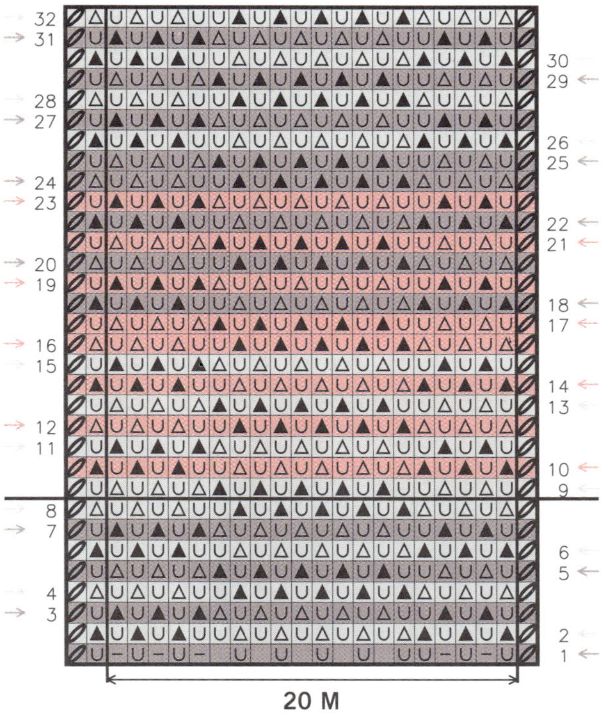

Maschenzahl teilbar durch 20 + 1 Masche + 2 Randmaschen

In Hin- und Rückreihen mit einer Rundstricknadel nach Strickschrift stricken, dabei wie gezeichnet beginnen, den Rapport stets wiederholen und wie gezeichnet enden. Es werden immer abwechselnd 2 Hinreihen und 2 Rückreihen in den Farben wie gezeichnet gestrickt. Nach der 1. Hinreihe die Maschen zurück an das rechte Nadelende schieben und die 2. Hinreihe stricken, die 3. Reihe = Rückreihe stricken, die Maschen zurückschieben und die 4. Reihe stricken usw. Nach der 1.–8. Reihe die 9.–32. Reihe stets wiederholen.

Hinweis: Damit die Randmaschen fest werden, werden diese in ungeraden Reihen links, in geraden Reihen rechts gestrickt.

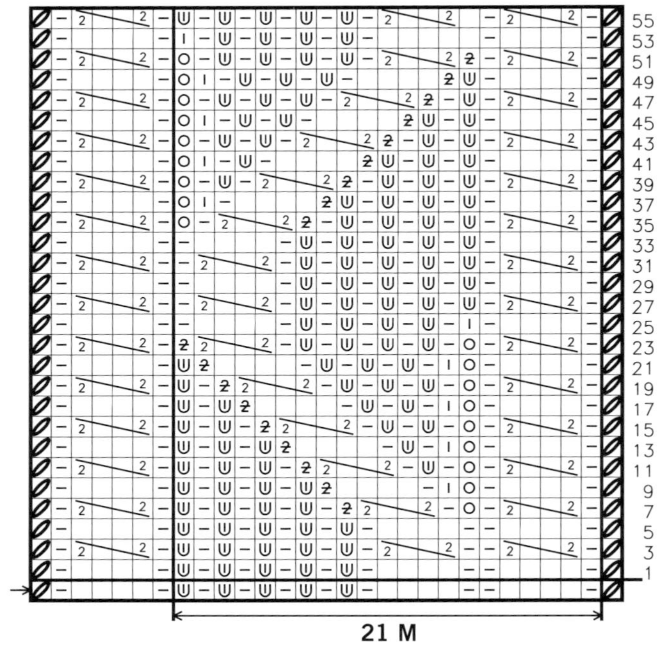

Maschenzahl teilbar durch 21 + 6 Maschen + 2 Randmaschen

Das Muster beginnt mit einer Rückreihe, dabei wie gezeichnet beginnen, dann den Rapport von 21 Maschen stets wiederholen, Randmasche. Danach in Hinreihen nach Strickschrift stricken.
In Rückreihen die Maschen stricken, wie sie erscheinen bzw. wie in der Zeichenerklärung erklärt.
Nach der Rückreihe, siehe Pfeil, die 1.–56. Reihe stets wiederholen.

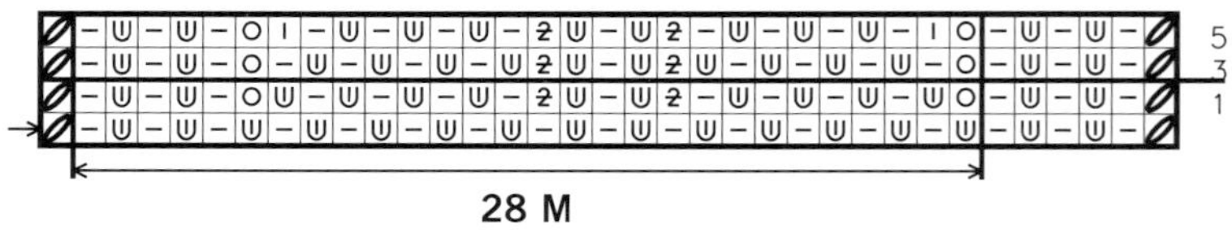

Maschenzahl teilbar durch 28 + 5 Maschen + 2 Randmaschen

Das Muster beginnt mit 1 Rückreihe, dabei nach der Randmasche den Rapport von 28 Maschen stets wiederholen und wie gezeichnet enden. Danach in Hinreihen nach Strickschrift stricken, dabei wie gezeichnet beginnen, den Rapport stets wiederholen und wie gezeichnet enden. In Rückreihen die Maschen stricken, wie sie erscheinen bzw. wie in der Zeichenerklärung beschrieben.
Die Rückreihe, siehe Pfeil, dann die 1. und 2. Reihe stricken und die 3.–6. Reihe stets wiederholen.

16 M

Maschenzahl teilbar durch 16 + 8 Maschen + 2 Randmaschen

Das Muster beginnt mit 1 Rückreihe, dabei wie gezeichnet beginnen, dann den Rapport von 16 Maschen stets wiederholen, Randmasche. Danach in Hinreihen nach Strickschrift stricken. In Rückreihen die Maschen stricken, wie in der Zeichenerklärung erklärt. Nach der Rückreihe, siehe Pfeil, die 1.–24. Reihe stets wiederholen.

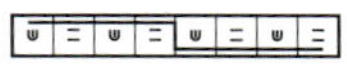 = 4 Maschen auf einer Zopfnadel vor die Arbeit legen, 1 Masche mit 1 Umschlag links abheben, 1 Masche mit dem Umschlag rechts zusammenstricken, 1 Masche mit 1 Umschlag links abheben, 1 Masche mit dem Umschlag rechts zusammenstricken, dann von der Zopfnadel 1 Masche mit 1 Umschlag links abheben, 1 Masche mit dem Umschlag rechts zusammenstricken, 1 Masche mit 1 Umschlag links abheben, 1 Masche mit dem Umschlag rechts zusammenstricken.

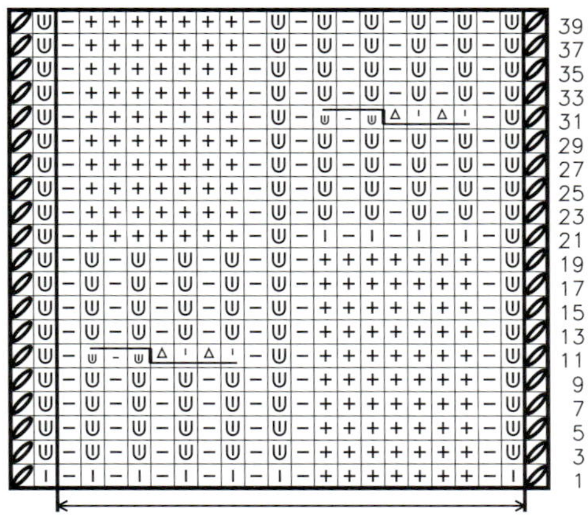

20 M

Maschenzahl teilbar durch 20 + 1 Masche + 2 Randmaschen

In Hinreihen nach Strickschrift stricken, dabei wie gezeichnet beginnen, den Rapport stets wiederholen und wie gezeichnet enden. In Rückreihen die Maschen stricken, wie sie erscheinen bzw. wie in der Zeichenerklärung erklärt. Die 1.–40. Reihe stets wiederholen.

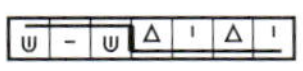 = 3 Maschen auf einer Zopfnadel vor die Arbeit legen, 1 Masche rechts, 1 Masche mit dem Umschlag links zusammenstricken, 1 Masche rechts, 1 Masche mit dem Umschlag links zusammenstricken, dann von der Zopfnadel 1 Masche mit dem Umschlag rechts zusammenstricken, 1 Masche links, 1 Masche mit dem Umschlag rechts zusammenstricken.

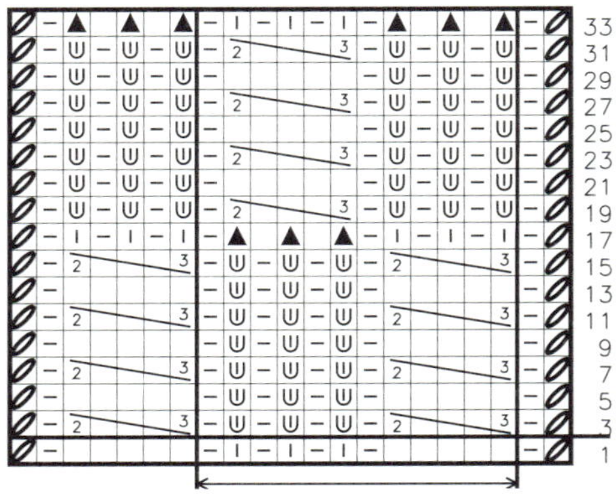

12 M

2 3 = 2 Maschen auf einer Zopfnadel vor die Arbeit legen, 3 Maschen rechts, dann die Maschen der Zopfnadel rechts stricken.

Maschenzahl teilbar durch 12 + 7 Maschen + 2 Randmaschen

In Hinreihen nach Strickschrift stricken, dabei wie gezeichnet beginnen, den Rapport stets wiederholen und wie gezeichnet enden. In Rückreihen die Maschen stricken, wie sie erscheinen bzw. wie in der Zeichenerklärung erklärt. Nach der 1. und 2. Reihe die 3.–34. Reihe stets wiederholen.

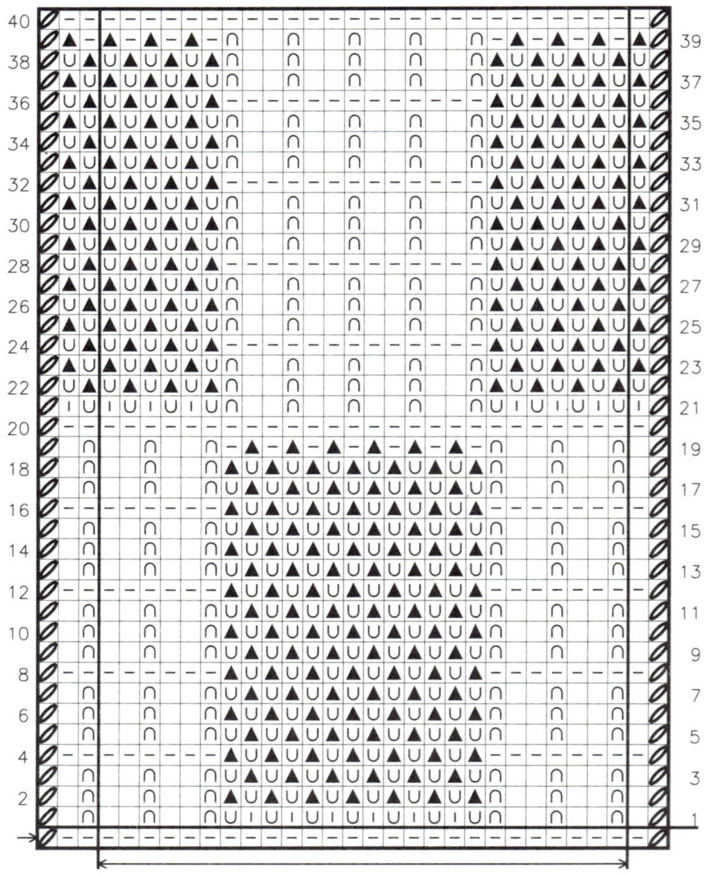

26 M

Maschenzahl teilbar durch 26 + 3 Maschen + 2 Randmaschen

Das Muster beginnt mit 1 Rückreihe, dabei wie gezeichnet beginnen, den Rapport von 26 Maschen stets wiederholen und wie gezeichnet enden. Danach in Hin- und Rückreihen nach Strickschrift stricken. Nach der Rückreihe, siehe Pfeil, die 1.–40. Reihe stets wiederholen.

Zopfmuster

Zeitlos schön sind Zopfmuster mit ihren zahllosen Variationen. Aus glatten Wollgarnen gestrickt schmücken sie rustikale Pullover und Jacken, aus feinen Baumwoll- oder Mischgarnen mit Glanzeffekt gearbeitet verleihen sie festlichen Modellen das gewisse Etwas.

Der Zopf-Effekt ergibt sich durch das Verkreuzen von Maschen nach rechts oder links. Dabei entstehen aus zwei Strängen gedrehte „Kordeln“, aus drei oder mehr Strängen geflochtene Zöpfe, aber auch vielfältig verschlungene Bänder, Schrägstreifen, Rauten, Ähren oder Zickzacklinien.

Am einfachsten lassen sich die Maschen mit Hilfe einer Zopfnadel verkreuzen: Eine oder mehrere Maschen werden von der linken Nadel auf die Zopfnadel gehoben und je nach Muster vor oder hinter die Arbeit gelegt. Eine Einbuchtung in der Zopfnadel verhindert, dass die Maschen abrutschen. Dann werden zunächst dem Muster entsprechend Maschen von der linken Nadel und anschließend die Maschen von der Zopfnadel abgestrickt.

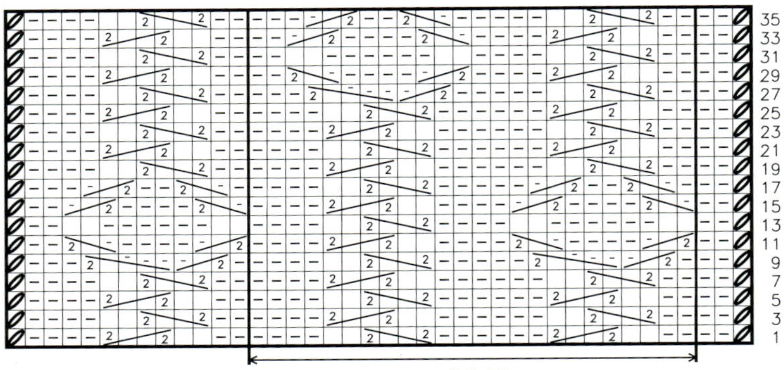

24 M

Maschenzahl teilbar durch 24 + 14 Maschen + 2 Randmaschen

In Hinreihen nach Strickschrift stricken, dabei wie gezeichnet beginnen, den Rapport von 24 Maschen stets wiederholen und wie gezeichnet enden. In Rückreihen die Maschen stricken, wie sie erscheinen. Die 1.–36. Reihe stets wiederholen.

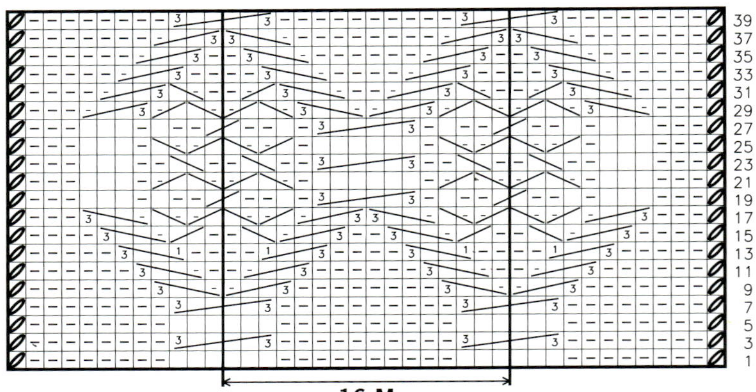

16 M

Maschenzahl teilbar durch 16 + 6 Maschen + 2 Randmaschen

In Hinreihen nach Strickschrift stricken, dabei wie gezeichnet beginnen, den Rapport von 16 Maschen stets wiederholen und wie gezeichnet enden. In Rückreihen die Maschen stricken, wie sie erscheinen. Die 1.–40. Reihe stets wiederholen.

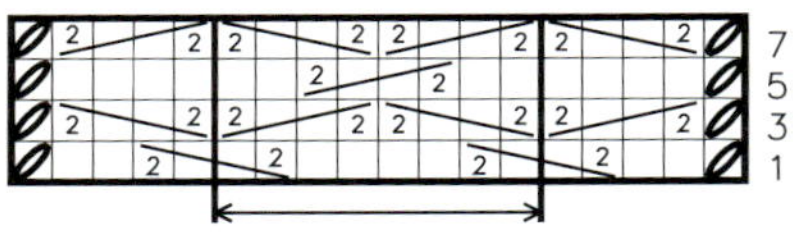

8 M

Maschenzahl teilbar durch 8 + 2 Randmaschen

In Hinreihen nach Strickschrift stricken, dabei wie gezeichnet beginnen, den Rapport von 8 Maschen stets wiederholen und wie gezeichnet enden. In Rückreihen die Maschen stricken, wie sie erscheinen.

Die 1.–8. Reihe stets wiederholen.

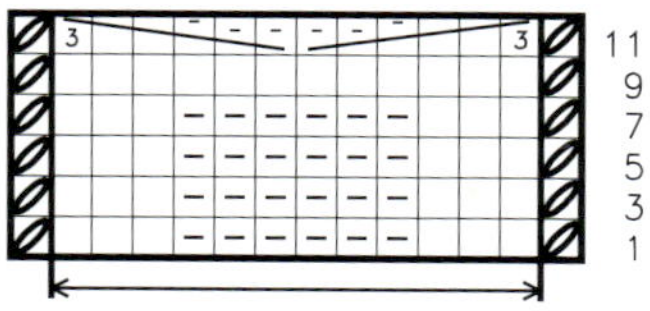

Maschenzahl teilbar durch 12 + 2 Randmaschen

In Hinreihen nach Strickschrift stricken, dabei nach der Randmasche den Rapport von 12 Maschen stets wiederholen, Randmasche. In Rückreihen die Maschen stricken, wie sie erscheinen.
Die 1.–12. Reihe stets wiederholen.

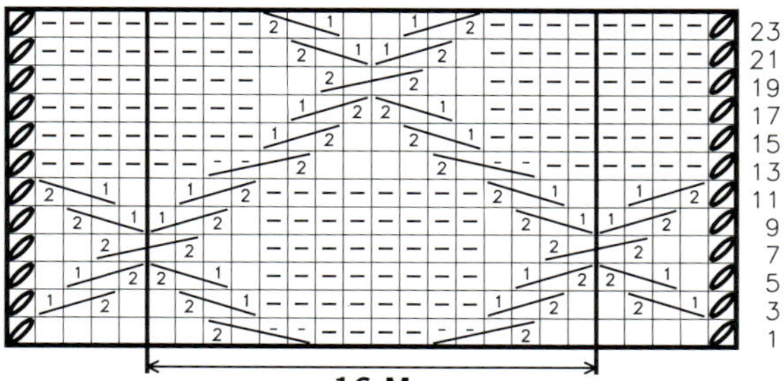

Maschenzahl teilbar durch 16 + 8 Maschen + 2 Randmaschen

In Hinreihen nach Strickschrift stricken, dabei wie gezeichnet beginnen, den Rapport von 16 Maschen stets wiederholen und wie gezeichnet enden. In Rückreihen alle Maschen links stricken.
Die 1.–24. Reihe stets wiederholen.

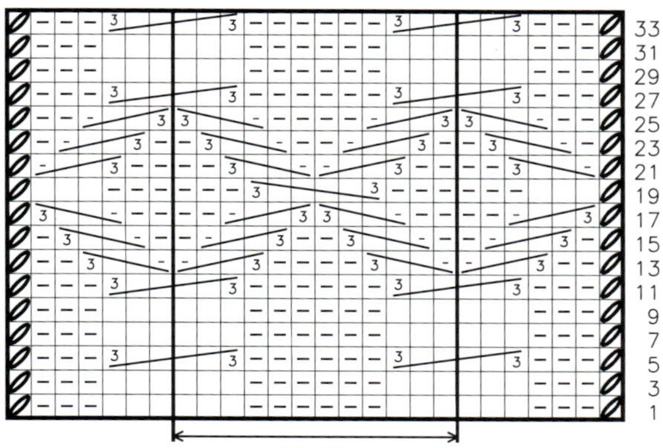

Maschenzahl teilbar durch 12 + 2 Randmaschen

In Hinreihen nach Strickschrift stricken, dabei wie gezeichnet beginnen, den Rapport von 12 Maschen stets wiederholen und wie gezeichnet enden. In Rückreihen die Maschen stricken, wie sie erscheinen.
Die 1.–34. Reihe stets wiederholen.

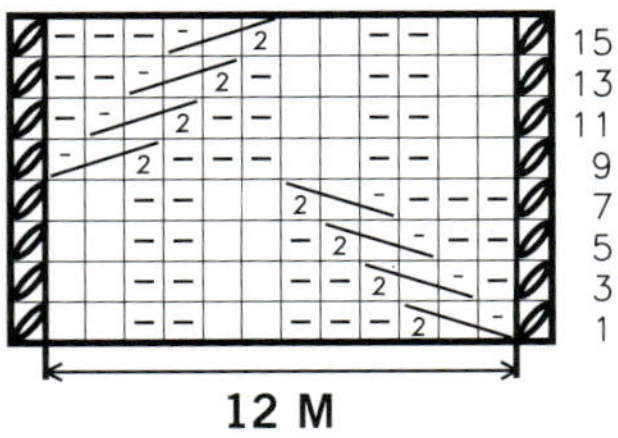

Maschenzahl teilbar durch 12 + 2 Randmaschen

In Hinreihen nach Strickschrift stricken, dabei nach der Randmasche den Rapport von 12 Maschen stets wiederholen, Randmasche. In Rückreihen die Maschen stricken, wie sie erscheinen.
Die 1.–16. Reihe stets wiederholen.

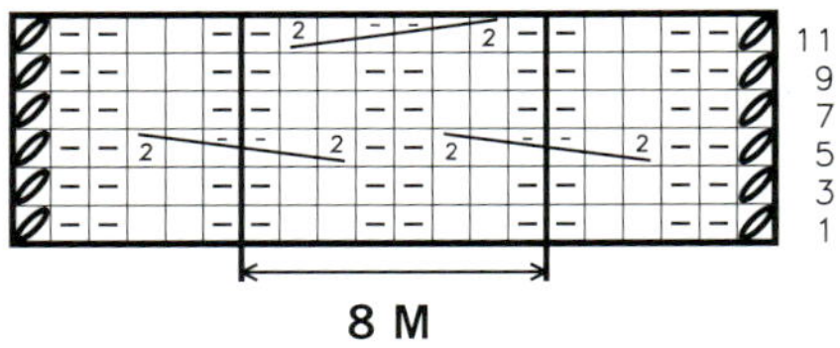

Maschenzahl teilbar durch 8 + 2 Maschen + 2 Randmaschen

In Hinreihen nach Strickschrift stricken, dabei wie gezeichnet beginnen, den Rapport von 8 Maschen stets wiederholen und wie gezeichnet enden. In Rückreihen die Maschen stricken, wie sie erscheinen.
Die 1.–12. Reihe stets wiederholen.

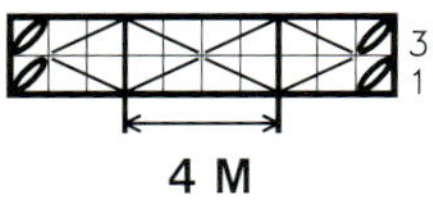

Maschenzahl teilbar durch 4 + 2 Randmaschen

In Hinreihen nach Strickschrift stricken, dabei wie gezeichnet beginnen, den Rapport von 4 Maschen stets wiederholen und wie gezeichnet enden. In Rückreihen die Maschen stricken, wie sie erscheinen.
Die 1.–4. Reihe stets wiederholen.

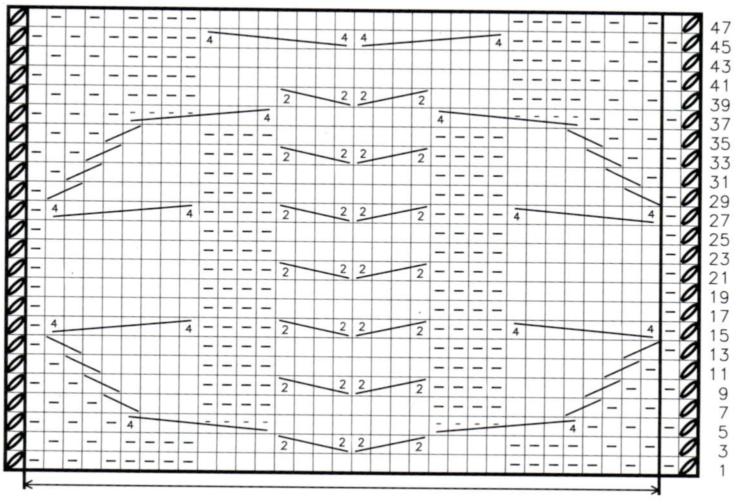

Maschenzahl teilbar durch 33 + 1 Masche + 2 Randmaschen

In Hinreihen nach Strickschrift stricken, dabei wie gezeichnet beginnen, den Rapport von 33 Maschen stets wiederholen, Randmasche. In Rückreihen die Maschen stricken, wie sie erscheinen. Die 1.–48. Reihe stets wiederholen.

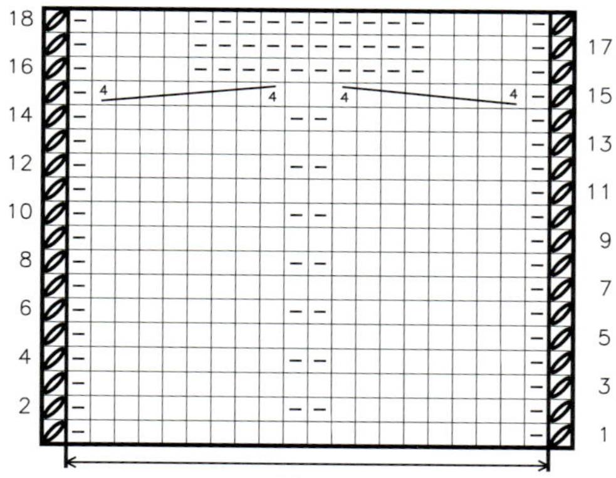

Maschenzahl teilbar durch 20 + 2 Randmaschen

In Hin- und Rückreihen nach Strickschrift stricken, dabei nach der Randmasche den Rapport von 20 Maschen stets wiederholen, Randmasche.
Die 1.–18. Reihe stets wiederholen.

Zopfstreifen über 46 Maschen

Den Zopfstreifen über 46 Maschen in Hinreihen nach Strickschrift stricken. In Rückreihen die Maschen stricken, wie sie erscheinen.
Nach der 1. und 2. Reihe die 3.–26. Reihe stets wiederholen.

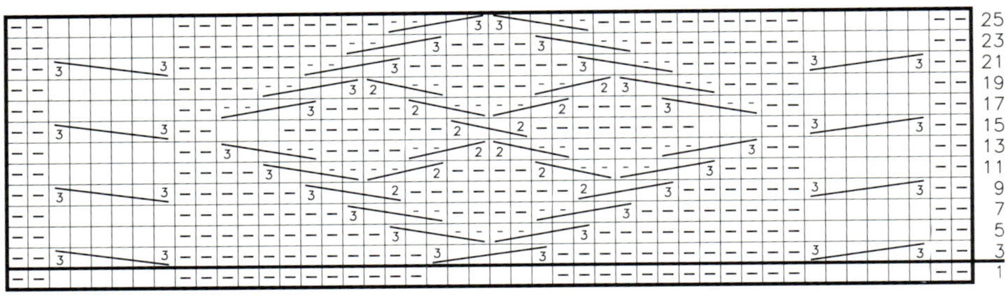

Zopfstreifen über 56 Maschen

In Hinreihen nach Strickschrift stricken, in Rückreihen die Maschen stricken, wie sie erscheinen.
Die 1.–24. Reihe stets wiederholen.

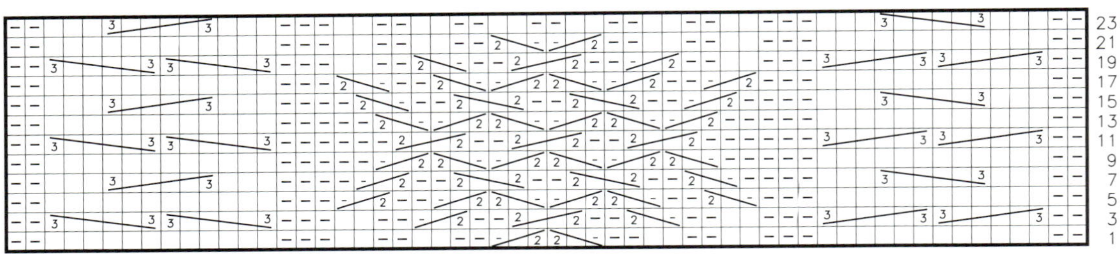

Zopfstreifen über 47 Maschen

In Hinreihen nach Strickschrift stricken, in Rückreihen die Maschen stricken, wie sie erscheinen.
Nach der 1. und 2. Reihe die 3.–22. Reihe stets wiederholen.

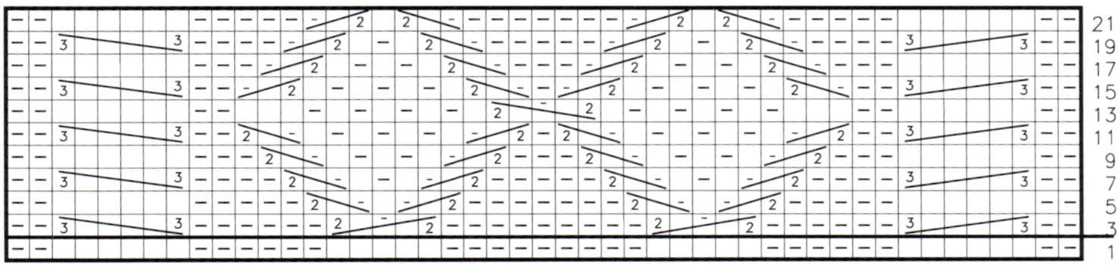

Zopfstreifen über 47 Maschen

In Hinreihen nach Strickschrift stricken, in Rückreihen die Maschen stricken, wie sie erscheinen.
Nach der 1. und 2. Reihe die 3.–34. Reihe stets wiederholen.

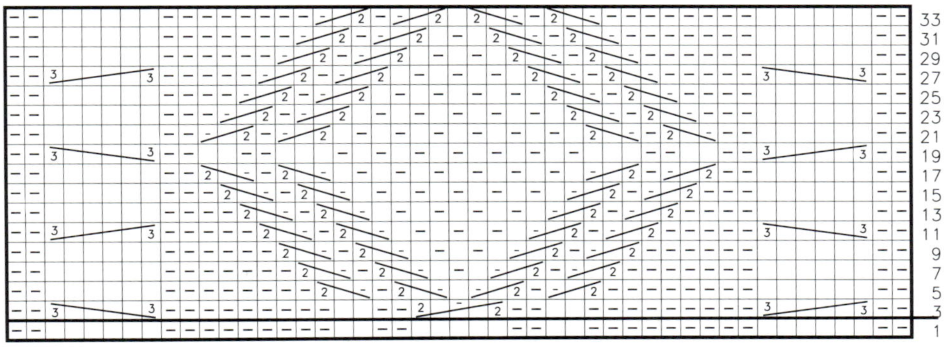

Ajourmuster

Dass Handgestricktes keineswegs immer rustikal wirken muss, beweisen diese Muster „mit Durchblick“. Ajourmuster, auch Loch- oder Durchbruchmuster genannt, entstehen durch eine ausgeklügelte Kombination von Umschlägen und zusammengestrickten Maschen, die geometrische Formen wie Rauten oder Zacken ebenso ermöglicht wie Motive aus der Natur, etwa Blatt- oder Blütenornamente.

Die filigranen und zarten Muster können als Einzelmotive, Flächen, Längs- oder Querstreifen eingesetzt werden und verleihen jedem Modell einen Hauch von Eleganz. Deshalb dürfen auch die Garne für derlei kunstvolles Lochwerk durchaus edel sein: Empfehlenswert sind dezent glänzende Garne aus mercerisierter Baumwolle, Viskose oder gar Seide. Apart wirken Ajourmuster aber auch, wenn sie aus Mohairgarn gestrickt werden, wenngleich die Durchbruchstruktur dabei etwas in den Hintergrund tritt.

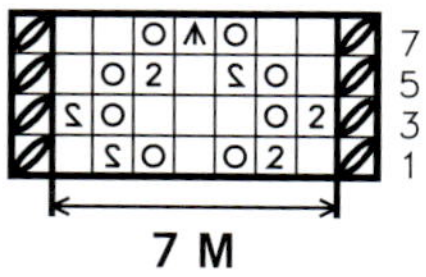

Maschenzahl teilbar durch 7 + 2 Randmaschen

In Hinreihen nach Strickschrift stricken, dabei nach der Randmasche den Rapport von 7 Maschen stets wiederholen, Randmasche. In Rückreihen alle Maschen und Umschläge links stricken.
Die 1.–8. Reihe stets wiederholen.

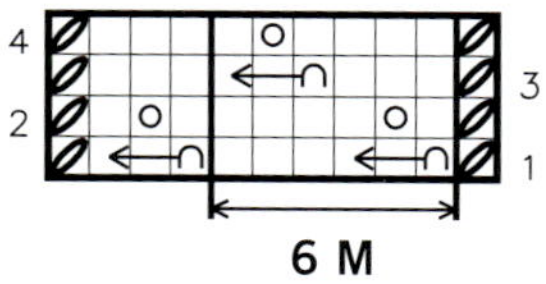

Maschenzahl teilbar durch 6 + 3 Maschen + 2 Randmaschen

In Hin- und Rückreihen nach Strickschrift stricken, dabei in den Hinreihen nach der Randmasche den Rapport von 6 Maschen stets wiederholen und wie gezeichnet enden.
Die 1.–4. Reihe stets wiederholen.

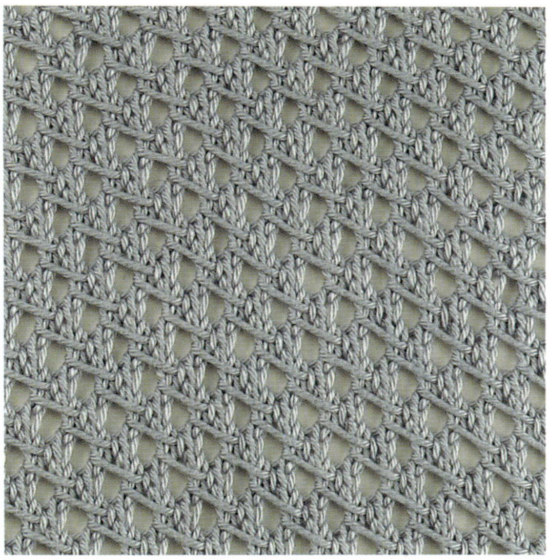

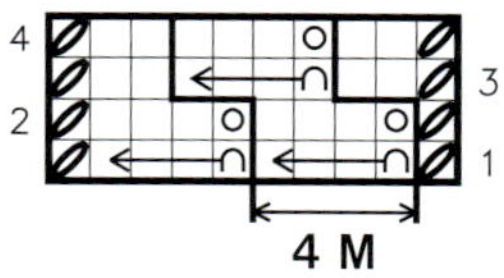

Maschenzahl teilbar durch 4 + 2 Randmaschen

In Hin- und Rückreihen nach Strickschrift stricken, dabei wie gezeichnet beginnen, den Rapport von 4 Maschen stets wiederholen und wie gezeichnet enden.
Die 1.–4. Reihe stets wiederholen.

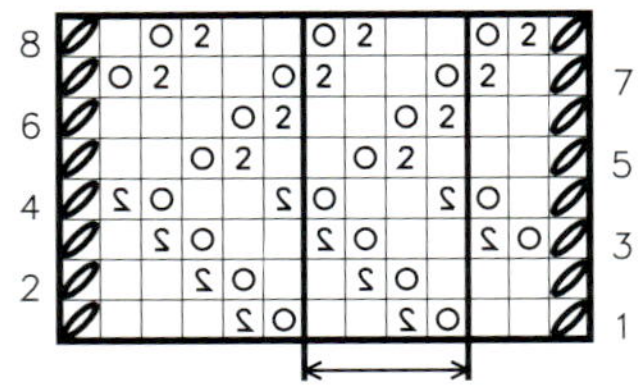

Maschenzahl teilbar durch 4 + 3 Maschen + 2 Randmaschen

In Hin- und Rückreihen nach Strickschrift stricken, dabei wie gezeichnet beginnen, den Rapport von 4 Maschen stets wiederholen und wie gezeichnet enden.
Die 1.–8. Reihe stets wiederholen.

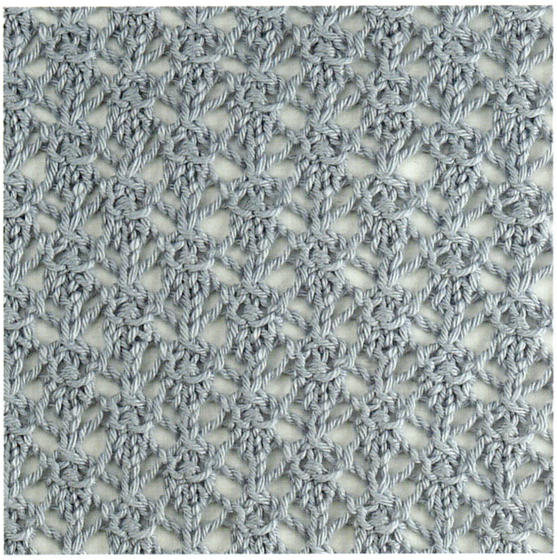

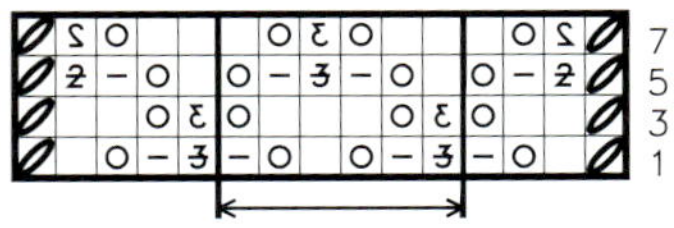

Maschenzahl teilbar durch 6 + 1 Masche + 2 Randmaschen

In Hinreihen nach Strickschrift stricken, dabei wie gezeichnet beginnen, den Rapport von 6 Maschen stets wiederholen und wie gezeichnet enden. In Rückreihen die Maschen stricken, wie sie erscheinen, die Umschläge links stricken.
Die 1.–8. Reihe stets wiederholen.

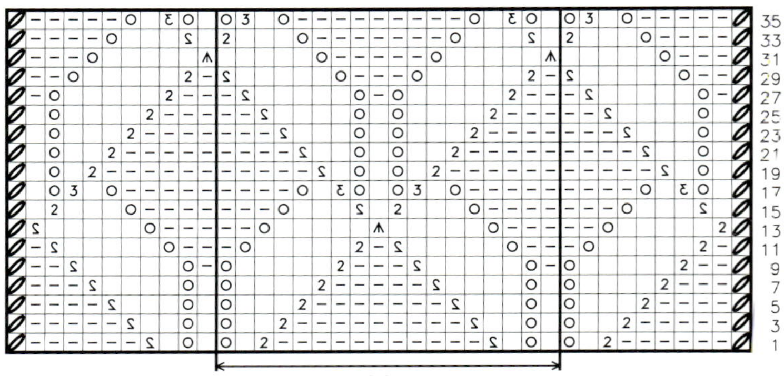

Maschenzahl teilbar durch 18 + 1 Masche + 2 Randmaschen

In Hinreihen nach Strickschrift stricken, dabei wie gezeichnet beginnen, den Rapport von 18 Maschen stets wiederholen und wie gezeichnet enden. In Rückreihen alle Maschen und Umschläge links stricken.
Die 1.–36. Reihe stets wiederholen

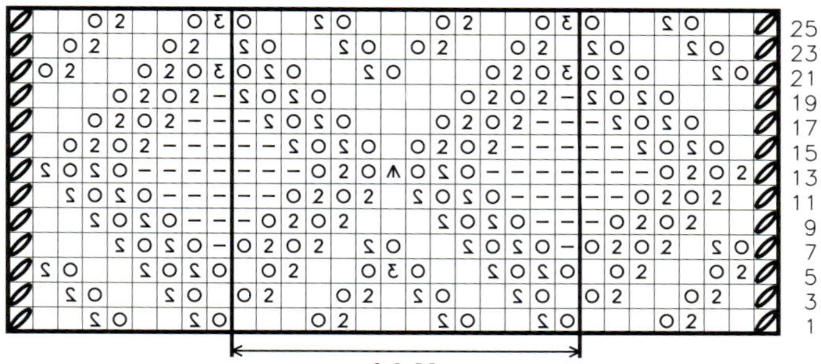

14 M

Maschenzahl teilbar durch 14 + 1 Masche + 2 Randmaschen

In Hinreihen nach Strickschrift stricken, dabei wie gezeichnet beginnen, den Rapport von 14 Maschen stets wiederholen und wie gezeichnet enden. In Rückreihen die Maschen stricken, wie sie erscheinen, die Umschläge links stricken.
Die 1.–26. Reihe stets wiederholen.

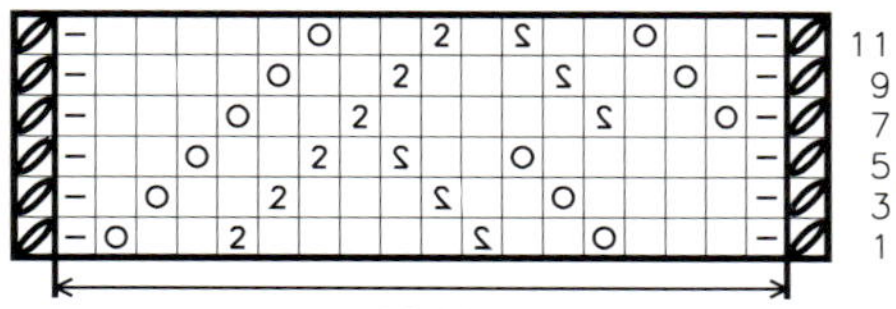

18 M

Maschenzahl teilbar durch 18 + 2 Randmaschen

In Hinreihen nach Strickschrift stricken, dabei nach der Randmasche den Rapport von 18 Maschen stets wiederholen, Randmasche. In Rückreihen alle Maschen und Umschläge links stricken.
Die 1.–12. Reihe stets wiederholen.

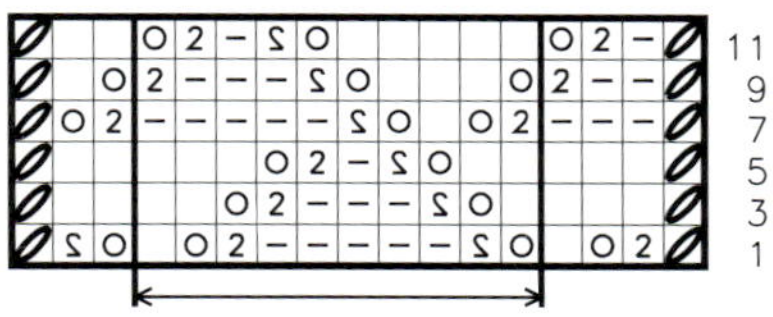

10 M

Maschenzahl teilbar durch 10 + 5 Maschen + 2 Randmaschen

In Hinreihen nach Strickschrift stricken, dabei wie gezeichnet beginnen, den Rapport von 10 Maschen stets wiederholen und wie gezeichnet enden. In Rückreihen die Maschen stricken, wie sie erscheinen, die Umschläge links stricken.
Die 1.–12. Reihe stets wiederholen.

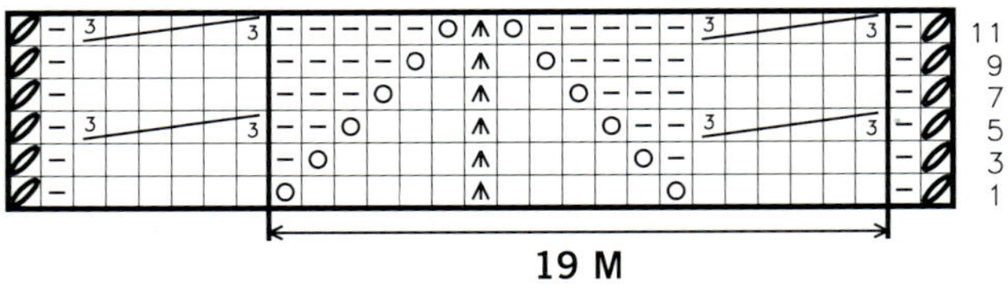

Maschenzahl teilbar durch 19 + 8 Maschen + 2 Randmaschen

In Hinreihen nach Strickschrift stricken, dabei wie gezeichnet beginnen, den Rapport von 19 Maschen stets wiederholen und wie gezeichnet enden. In Rückreihen die Maschen stricken, wie sie erscheinen, die Umschläge links stricken.
Die 1.–12. Reihe stets wiederholen.

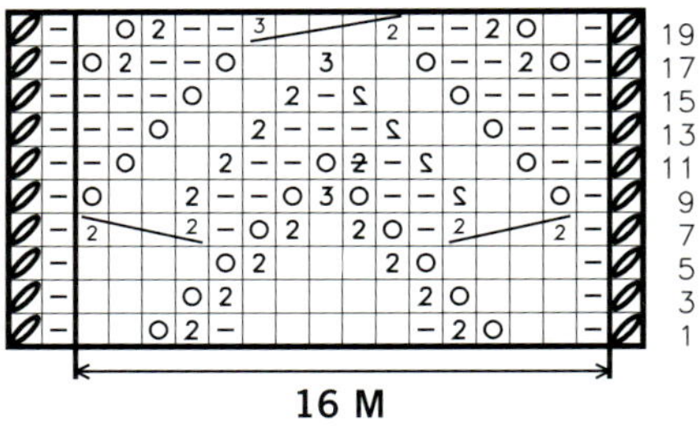

Maschenzahl teilbar durch 16 + 1 Masche + 2 Randmaschen

In Hinreihen nach Strickschrift stricken, dabei nach der Randmasche den Rapport von 16 Maschen stets wiederholen und wie gezeichnet enden. In Rückreihen die Maschen stricken, wie sie erscheinen, die Umschläge links stricken.
Die 1.–20. Reihe stets wiederholen.

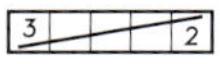 = 3 Maschen auf einer Zopfnadel hinter die Arbeit legen, 2 Maschen rechts, dann die Maschen der Zopfnadel rechts stricken.

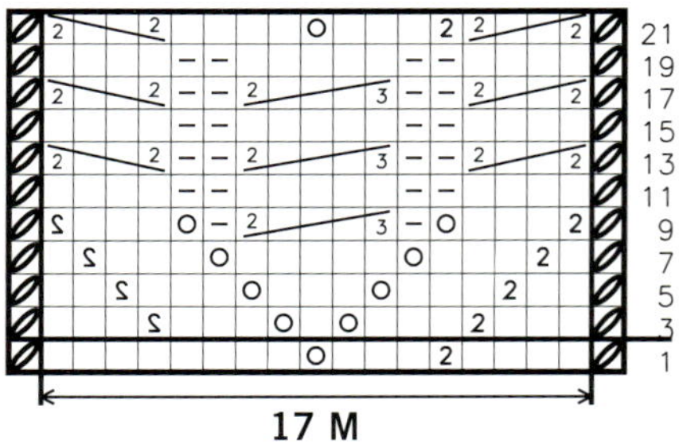

Maschenzahl teilbar durch 17 + 2 Randmaschen

In Hinreihen nach Strickschrift stricken, dabei nach der Randmasche den Rapport von 17 Maschen stets wiederholen, Randmasche. In Rückreihen die Maschen stricken, wie sie erscheinen, die Umschläge links stricken.
Nach der 1. und 2. Reihe die 3.–22. Reihe stets wiederholen.

 = 2 Maschen auf einer Zopfnadel hinter die Arbeit legen, 3 Maschen rechts, dann die Maschen der Zopfnadel rechts stricken.

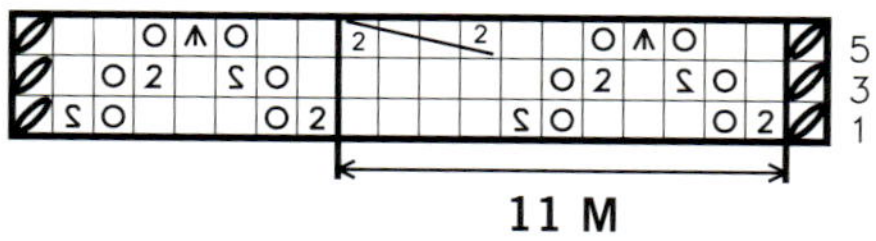

Maschenzahl teilbar durch 11 + 7 Maschen + 2 Randmaschen

In Hinreihen nach Strickschrift stricken, dabei nach der Randmasche den Rapport von 11 Maschen stets wiederholen und wie gezeichnet enden. In Rückreihen alle Maschen und Umschläge links stricken.
Die 1.–6. Reihe stets wiederholen.

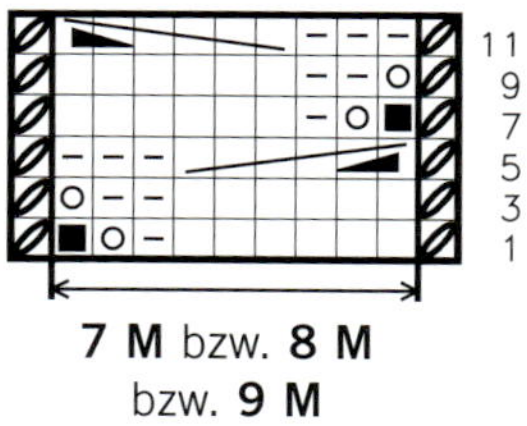

Achtung: Die Maschenzahl wechselt!

Maschenanschlag teilbar durch 7 + 2 Randmaschen

In Hinreihen nach Strickschrift stricken, dabei nach der Randmasche den Rapport stets wiederholen, Randmasche. In den Rückreihen die Maschen stricken, wie sie erscheinen, die Umschläge links stricken.
Die 1.–12. Reihe stets wiederholen.

 = 3 Maschen auf einer Hilfsnadel vor die Arbeit legen, 3 Maschen rechts, dann die 3 Maschen der Hilfsnadel rechts verschränkt zusammenstricken.

 = 3 Maschen auf einer Hilfsnadel hinter die Arbeit legen, 3 Maschen rechts zusammenstricken, dann die Maschen der Hilfsnadel rechts stricken.

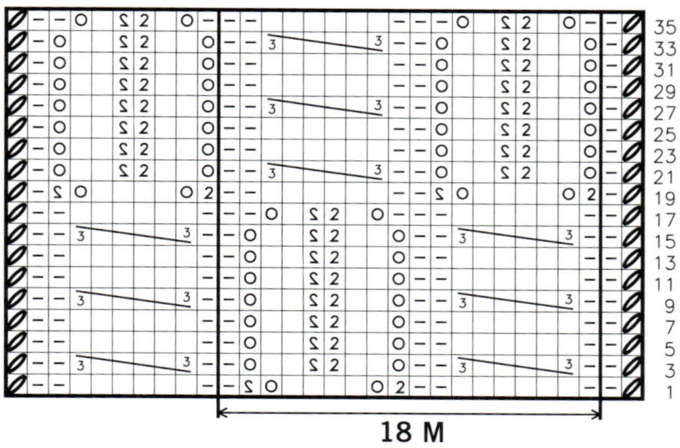

Maschenzahl teilbar durch 18 + 10 Maschen + 2 Randmaschen

In Hinreihen nach Strickschrift stricken, dabei wie gezeichnet beginnen, den Rapport von 18 Maschen stets wiederholen und wie gezeichnet enden. In Rückreihen die Maschen stricken, wie sie erscheinen, die Umschläge links stricken.
Die 1.–36. Reihe stets wiederholen.

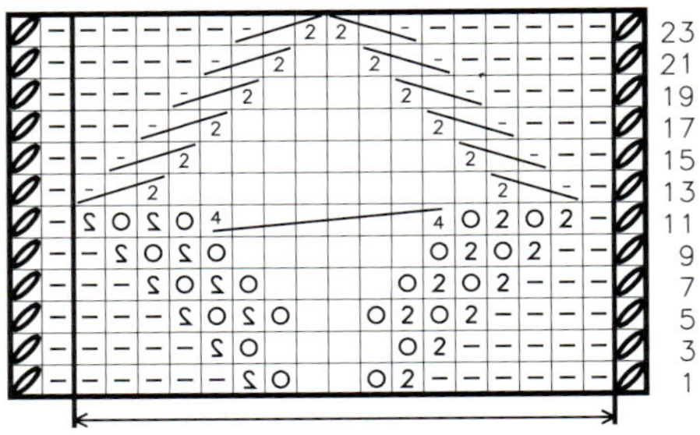

17 M

Maschenzahl teilbar durch 17 + 1 Masche + 2 Randmaschen

In Hinreihen nach Strickschrift stricken, dabei nach der Randmasche den Rapport von 17 Maschen stets wiederholen und wie gezeichnet enden. In Rückreihen die Maschen stricken, wie sie erscheinen, die Umschläge links stricken.
Die 1.–24. Reihe stets wiederholen.

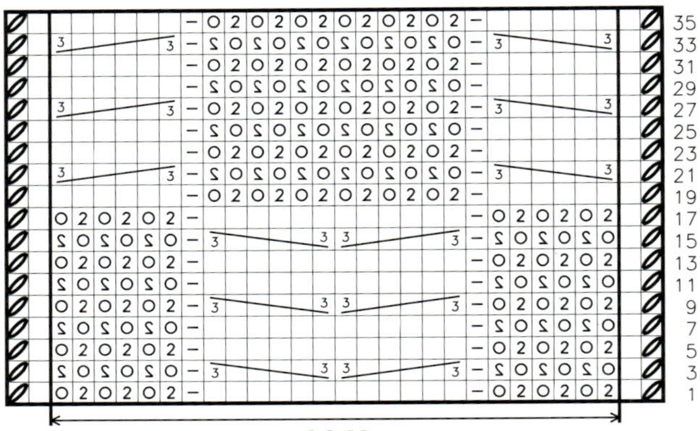

Maschenzahl teilbar durch 26 + 2 Maschen + 2 Randmaschen

26 M

In Hinreihen nach Strickschrift stricken, dabei wie gezeichnet beginnen, den Rapport von 26 Maschen stets wiederholen und wie gezeichnet enden. In Rückreihen die Maschen stricken, wie sie erscheinen, die Umschläge links stricken. Die 1.–36. Reihe stets wiederholen.

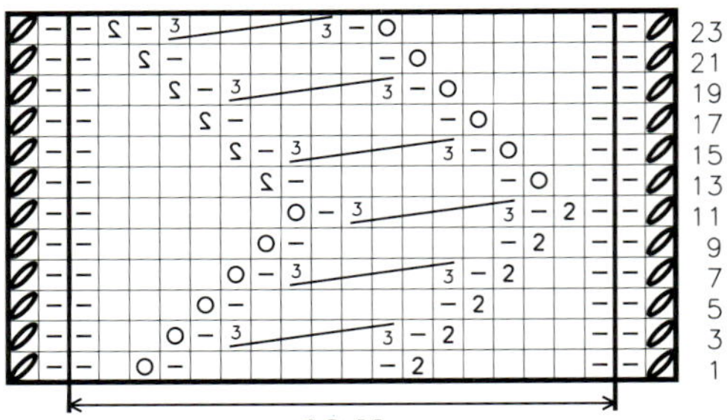

18 M

Maschenzahl teilbar durch 18 + 2 Maschen + 2 Randmaschen

In Hinreihen nach Strickschrift stricken, dabei wie gezeichnet beginnen, den Rapport von 18 Maschen stets wiederholen und wie gezeichnet enden. In Rückreihen die Maschen stricken, wie sie erscheinen, die Umschläge links stricken.
Die 1.–24. Reihe stets wiederholen.

Maschenzahl teilbar durch 20 + 1 Masche + 2 Randmaschen

In Hinreihen nach Strickschrift stricken, dabei wie gezeichnet beginnen, den Rapport von 20 Maschen stets wiederholen und wie gezeichnet enden. In Rückreihen die Maschen stricken, wie sie erscheinen, die Umschläge links stricken.
Die 1.–36. Reihe stets wiederholen.

2—3 = 2 Maschen auf einer Zopfnadel hinter die Arbeit legen, 3 Maschen rechts, dann die Maschen der Zopfnadel rechts stricken.

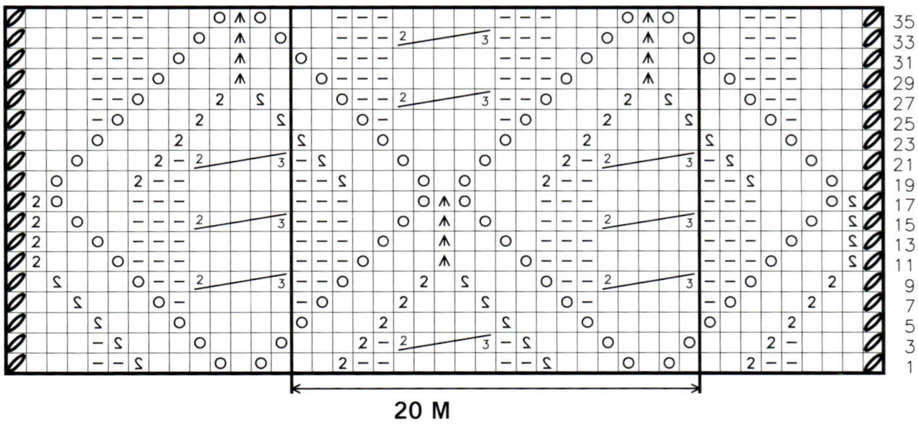

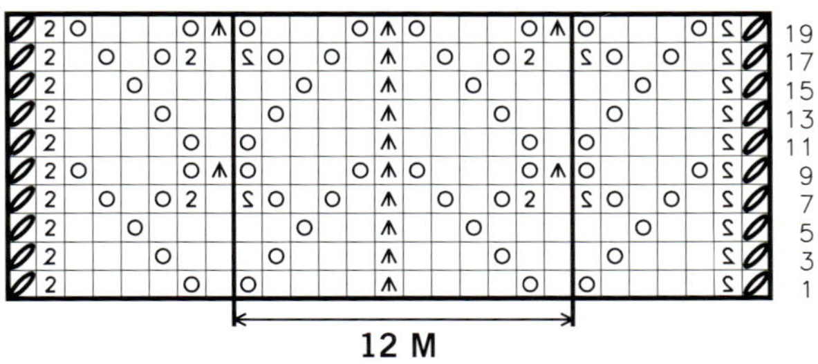

Maschenzahl teilbar durch 12 + 1 Masche + 2 Randmaschen

In Hinreihen nach Strickschrift stricken, dabei wie gezeichnet beginnen, den Rapport von 12 Maschen stets wiederholen und wie gezeichnet enden. In Rückreihen die Maschen stricken, wie sie erscheinen, die Umschläge links stricken.
Die 1.–20. Reihe stets wiederholen.

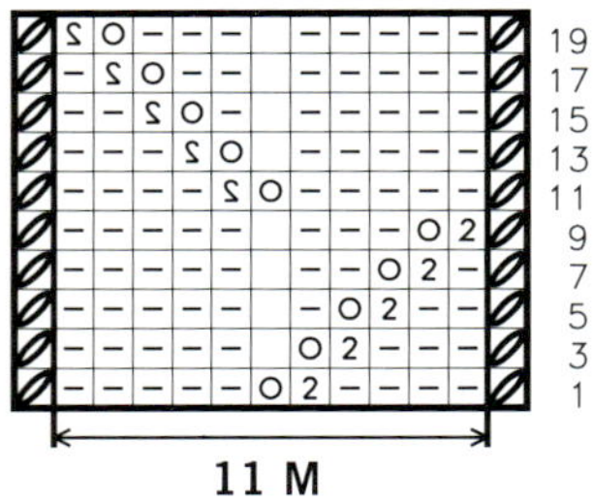

Maschenzahl teilbar durch 11 + 2 Randmaschen

In Hinreihen nach Strickschrift stricken, dabei nach der Randmasche den Rapport von 11 Maschen stets wiederholen, Randmasche. In Rückreihen die Maschen stricken, wie sie erscheinen, die Umschläge links stricken.
Die 1.–20. Reihe stets wiederholen.

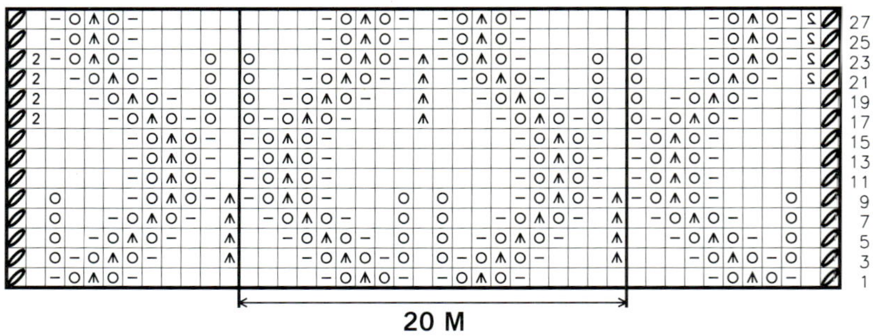

Maschenzahl teilbar durch 20 + 1 Masche + 2 Randmaschen

In Hinreihen nach Strickschrift stricken, dabei wie gezeichnet beginnen, den Rapport von 20 Maschen stets wiederholen und wie gezeichnet enden. In Rückreihen die Maschen stricken, wie sie erscheinen, die Umschläge links stricken.
Die 1.–28. Reihe stets wiederholen.

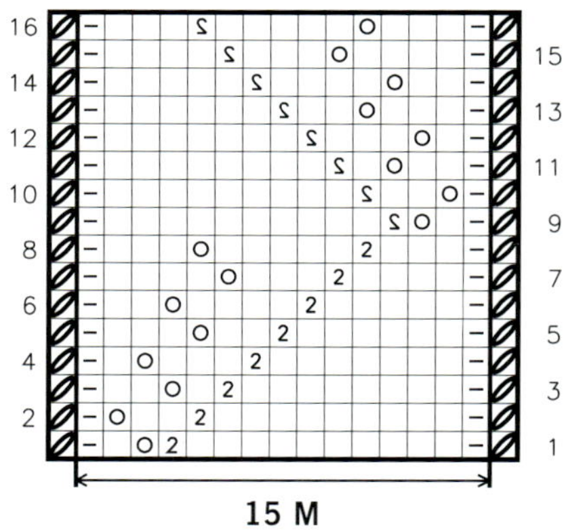

Maschenzahl teilbar durch 15 + 2 Randmaschen

In Hin- und Rückreihen nach Strickschrift stricken, dabei nach der Randmasche den Rapport von 15 Maschen stets wiederholen, Randmasche. In den Rückreihen die Umschläge links stricken. Die 1.–16. Reihe stets wiederholen.

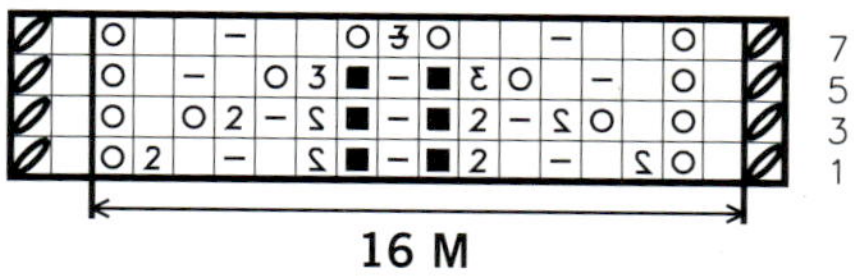

Maschenanschlag teilbar durch 16 + 1 Masche + 2 Randmaschen

Bei diesem Muster wechselt die Maschenzahl!
In Hinreihen nach Strickschrift stricken, dabei nach der Randmasche den Rapport stets wiederholen und wie gezeichnet enden.
In Rückreihen die Maschen stricken, wie sie erscheinen, die Umschläge links stricken.
Die 1.–8. Reihe stets wiederholen.

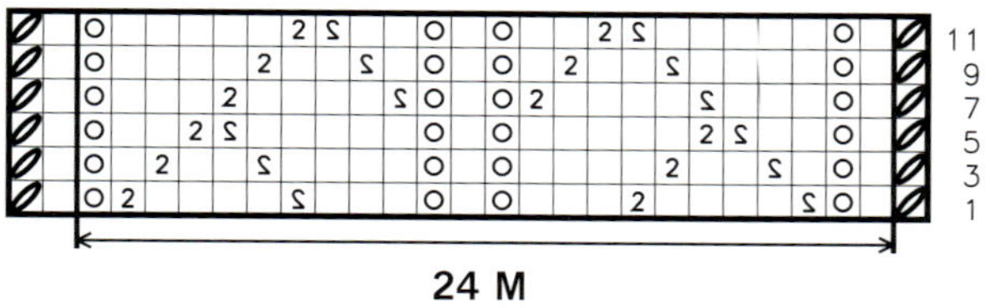

Maschenzahl teilbar durch 24 + 1 Masche + 2 Randmaschen

In Hinreihen nach Strickschrift stricken, dabei nach der Randmasche den Rapport von 24 Maschen stets wiederholen und wie gezeichnet enden. In Rückreihen alle Maschen und Umschläge links stricken.
Die 1.–12. Reihe stets wiederholen.

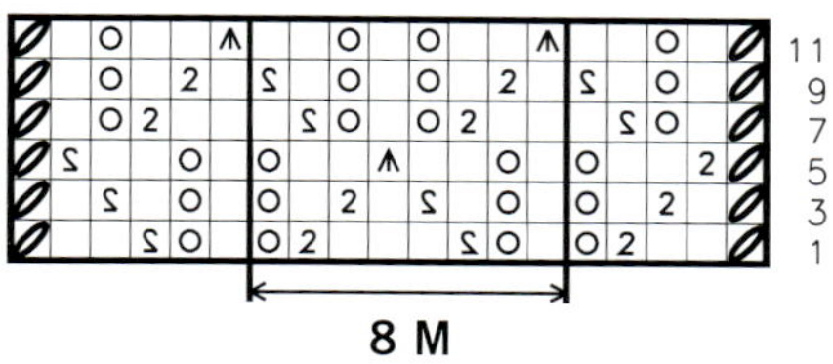

Maschenzahl teilbar durch 8 + 1 Masche + 2 Randmaschen

In Hinreihen nach Strickschrift stricken, dabei wie gezeichnet beginnen, den Rapport von 8 Maschen stets wiederholen und wie gezeichnet enden. In Rückreihen alle Maschen und Umschläge links stricken.
Die 1.–12. Reihe stets wiederholen.

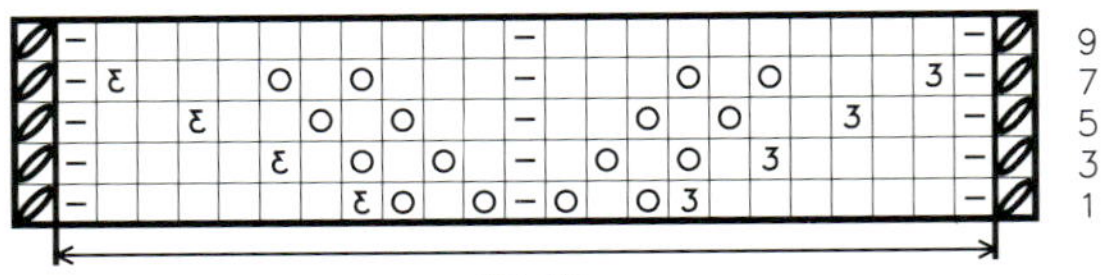

23 M

Maschenzahl teilbar durch 23 + 2 Randmaschen

In Hinreihen nach Strickschrift stricken, dabei nach der Randmasche den Rapport von 23 Maschen stets wiederholen, Randmasche. In Rückreihen die Maschen stricken, wie sie erscheinen, die Umschläge links stricken.
Die 1.–10. Reihe stets wiederholen.

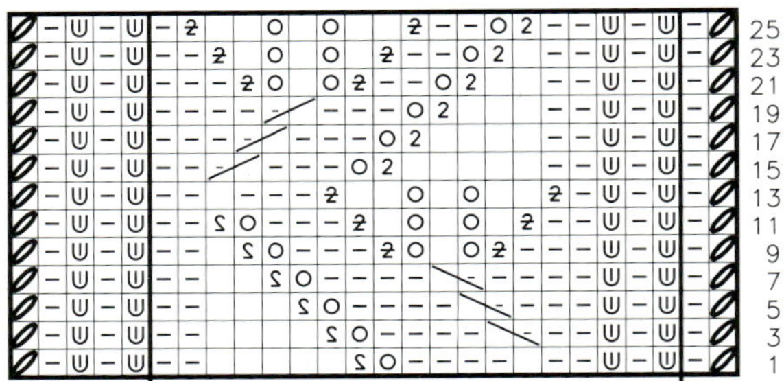

19 M

Maschenzahl teilbar durch 19 + 5 Maschen + 2 Randmaschen

In Hinreihen nach Strickschrift stricken, dabei wie gezeichnet beginnen, den Rapport von 19 Maschen stets wiederholen und wie gezeichnet enden. In Rückreihen die Maschen stricken, wie sie erscheinen bzw. wie in der Zeichenerklärung erklärt, die Umschläge links stricken.
Die 1.–26. Reihe stets wiederholen.

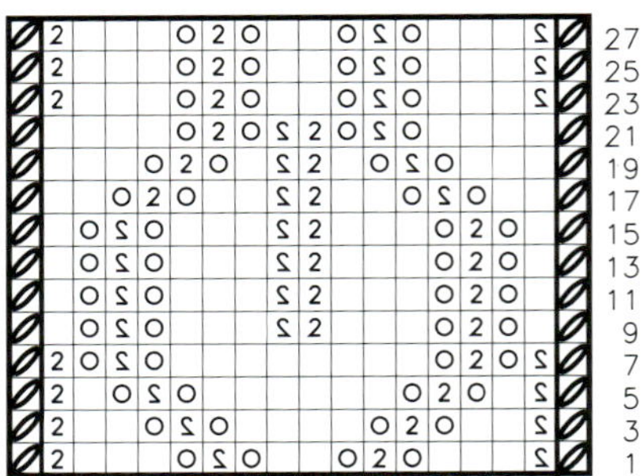

16 M

Maschenzahl teilbar durch 16 + 2 Randmaschen

In Hinreihen nach Strickschrift stricken, dabei nach der Randmasche den Rapport von 16 Maschen stets wiederholen, Randmasche. In Rückreihen alle Maschen und Umschläge links stricken.
Die 1.–28. Reihe stets wiederholen.

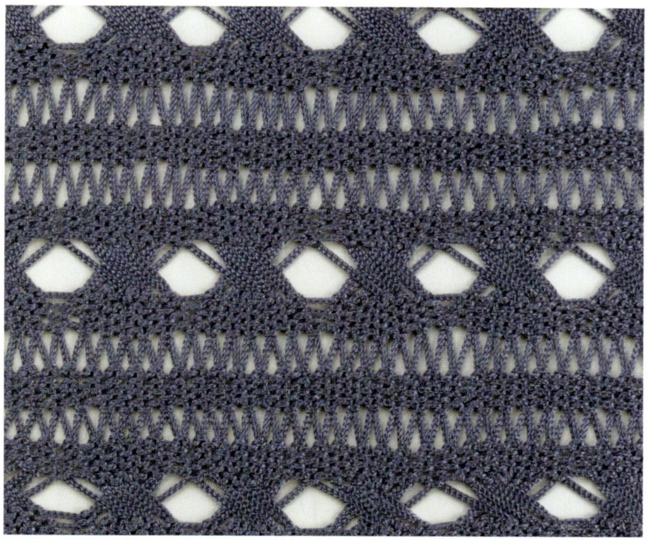

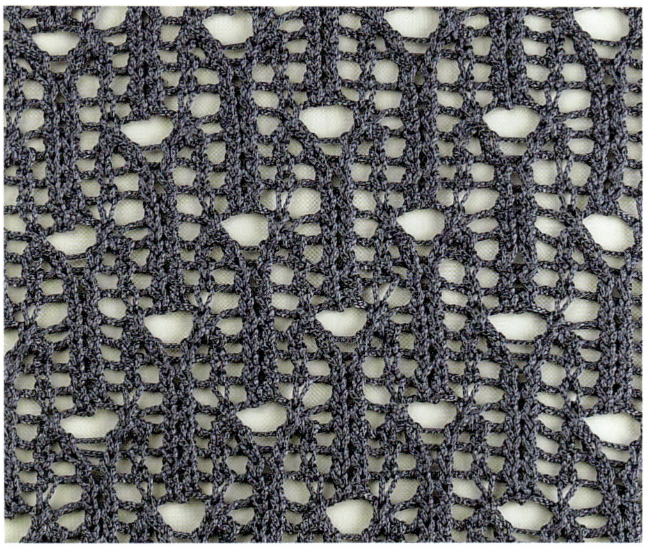

Transparente Muster

Bei diesen Mustern behalten Sie modisch den Durchblick – im wahrsten Sinne des Wortes, denn ähnlich wie die Ajourmuster erlauben auch die transparenten Muster reizvolle Einblicke, doch kommt dieser Effekt nicht nur durch Umschläge und das Zusammenstricken von Maschen zustande, sondern beispielsweise durch das Stricken mit dicken Nadeln und durch lang gezogene Maschen. Dafür, dass Ihr Traummodell in Form bleibt, sorgen einige mit üblicher Nadelstärke gestrickte Zwischenreihen.

Aus Bändchen- oder Microfasergarnen entstehen auf diese Weise im Handumdrehen hochaktuelle Pullover und Tops.

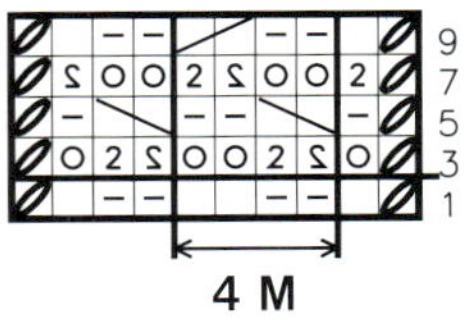

Maschenzahl teilbar durch 4 + 2 Randmaschen

In Hinreihen nach Strickschrift stricken, dabei wie gezeichnet beginnen, den Rapport von 4 Maschen stets wiederholen und wie gezeichnet enden. In Rückreihen die Maschen stricken, wie sie erscheinen, aus den beiden Umschlägen 1 Masche links und 1 Masche rechts stricken, den einfachen Umschlag links stricken.
Nach der 1. und 2. Reihe die 3.–10. Reihe stets wiederholen.

Dieses Muster wird mit einem Bändchengarn, geeignet für Nadelstärke 6–8, und einem dünnen Häkelgarn Stärke 10 gearbeitet.

Maschenzahl teilbar durch 6 + 2 Randmaschen

1. Reihe (Hinreihe), Bändchengarn, Nadeln 6–8: Alle Maschen links stricken.

2. Reihe, Bändchengarn, Nadeln 6–8: Randmasche, ✲ 1 Umschlag und 1 Masche links stricken, ab ✲ wiederholen, Randmasche.

3. Reihe, Bändchengarn, Nadeln 6–8: Alle Maschen rechts stricken, dabei die Umschläge fallen lassen und die Masche lang ziehen.

4. Reihe, Häkelgarn, Nadeln 3: Randmasche, ✲ 5 Maschen links zusammenstricken, dann aus folgender Masche 5 Maschen (1 Masche links, 1 Umschlag im Wechsel) stricken, ab ✲ wiederholen, Randmasche.

5. Reihe, Häkelgarn, Nadeln 3: Alle Maschen links stricken.

6. und 7. Reihe, Bändchengarn, Nadeln 6–8: Wie die 2. und 3. Reihe stricken.

8. Reihe, Häkelgarn, Nadeln 3: Randmasche, ✲ aus folgender Masche 5 Maschen stricken, dann 5 Maschen links zusammenstricken, ab ✲ wiederholen, Randmasche.

9. Reihe, Häkelgarn, Nadeln 3: Alle Maschen links stricken.

10. Reihe, Bändchengarn, Nadeln 6–8: Wie die 2. Reihe stricken.

Nach der 1. und 2. Reihe die 3.–10. Reihe stets wiederholen.

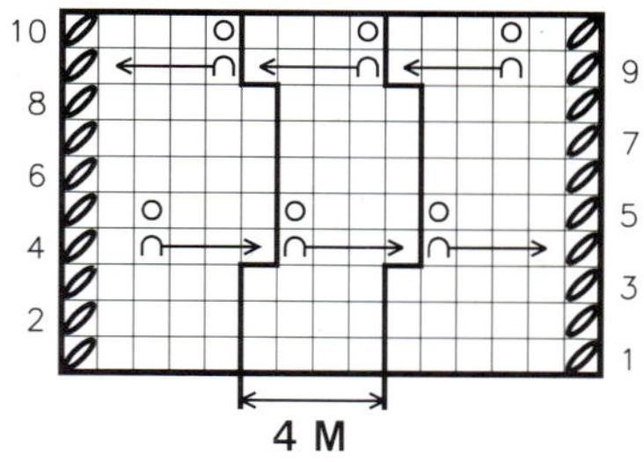

Maschenzahl teilbar durch 4 + 1 Masche + 2 Randmaschen

In Hin- und Rückreihen nach Strickschrift stricken, dabei wie gezeichnet beginnen, den Rapport von 4 Maschen stets wiederholen und wie gezeichnet enden. Die Umschläge in folgender Rückreihe links bzw. in folgender Hinreihe rechts stricken.
Die 1.–10. Reihe stets wiederholen.

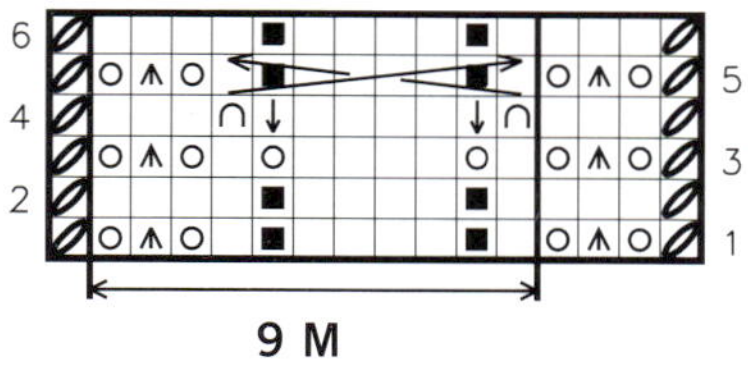

Maschenzahl teilbar durch 9 + 3 Maschen + 2 Randmaschen

In Hin- und Rückreihen nach Strickschrift stricken, dabei in Hinreihen wie gezeichnet beginnen, den Rapport von 9 Maschen stets wiederholen, Randmasche.
Die 1.–6. Reihe stets wiederholen.

 = 5 Maschen auf 1. Zopfnadel hinter die Arbeit legen, 1 Masche rechts, dann die 1. Masche der Zopfnadel auf 2. Zopfnadel vor die 1. Zopfnadel legen, die 4 Maschen der 1. Zopfnadel rechts, dann die Masche der 2. Zopfnadel rechts stricken.

Maschenzahl teilbar durch 4 + 2 Randmaschen

1. Reihe (Rückreihe): Randmasche, ✲ 2 Maschen links zusammenstricken, 1 Umschlag, 2 Maschen links, ab ✲ wiederholen, Randmasche.

2. Reihe: Randmasche, ✲ 2 Maschen rechts überzogen zusammenstricken (1 Masche rechts abheben, 1 Masche rechts und die abgehobene Masche über die gestrickte Masche heben), 1 Umschlag, den folgenden Umschlag und die folgende Masche rechts stricken, ab ✲ wiederholen, Randmasche.

3. Reihe: Randmasche, ✲ 2 Maschen links zusammenstricken, 1 Umschlag, den folgenden Umschlag und die folgende Masche links stricken, ab ✲ wiederholen, Randmasche.

Nach der 1. Reihe die 2. und 3. Reihe stets wiederholen.

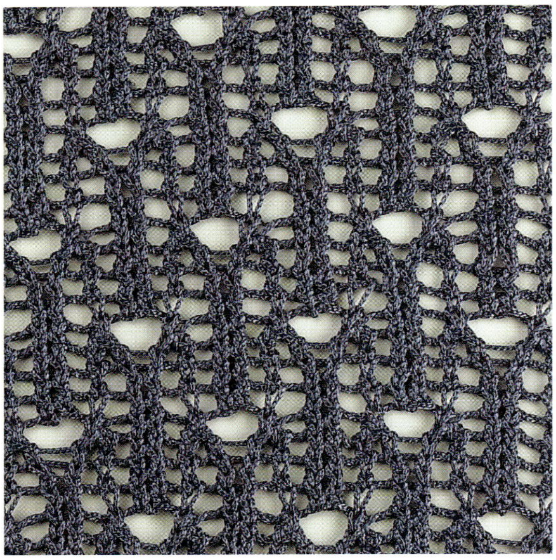

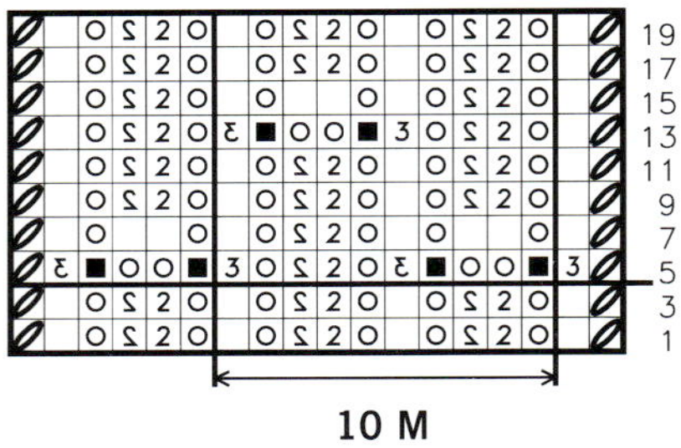

Maschenzahl teilbar durch 10 + 6 Maschen + 2 Randmaschen

In Hinreihen nach Strickschrift stricken, dabei wie gezeichnet beginnen, den Rapport von 10 Maschen stets wiederholen und wie gezeichnet enden. In Rückreihen alle Maschen und Umschläge links stricken, aus den 2 Umschlägen 1 Masche links und 1 Masche rechts stricken.
Nach der 1.–4. Reihe die 5.–20. Reihe stets wiederholen.

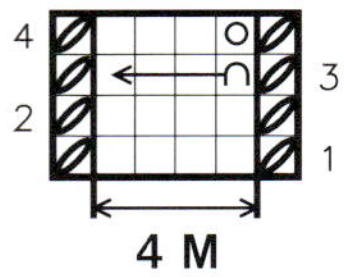

Maschenzahl teilbar durch 4 + 2 Randmaschen

In Hin- und Rückreihen nach Strickschrift stricken, dabei nach der Randmasche den Rapport von 4 Maschen stets wiederholen, Randmasche. Die Umschläge in folgender Hinreihe rechts stricken.
Die 1.–4. Reihe stets wiederholen.

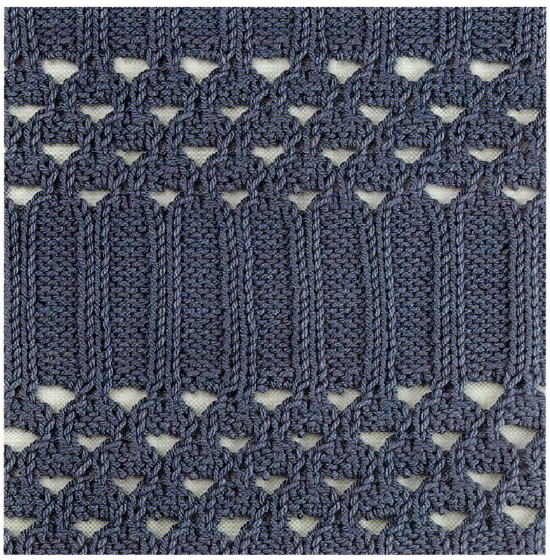

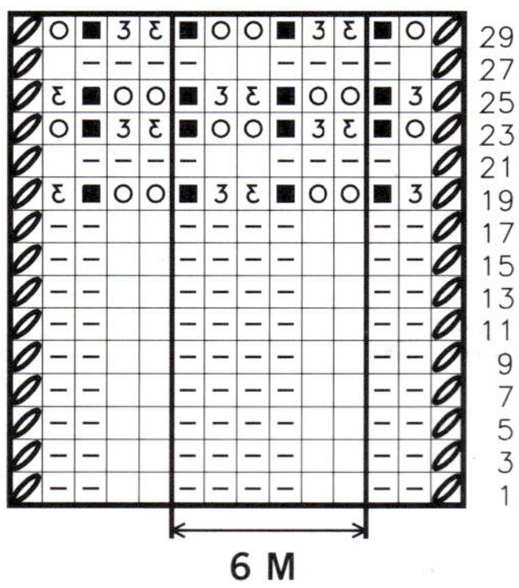

Maschenzahl teilbar durch 6 + 2 Randmaschen

In Hinreihen nach Strickschrift stricken, dabei wie gezeichnet beginnen, den Rapport von 6 Maschen stets wiederholen und wie gezeichnet enden. In Rückreihen die Maschen stricken, wie sie erscheinen, aus den beiden Umschlägen 4 Maschen (1 Masche links, 1 Masche rechts im Wechsel) stricken.
Die 1.–30. Reihe stets wiederholen.

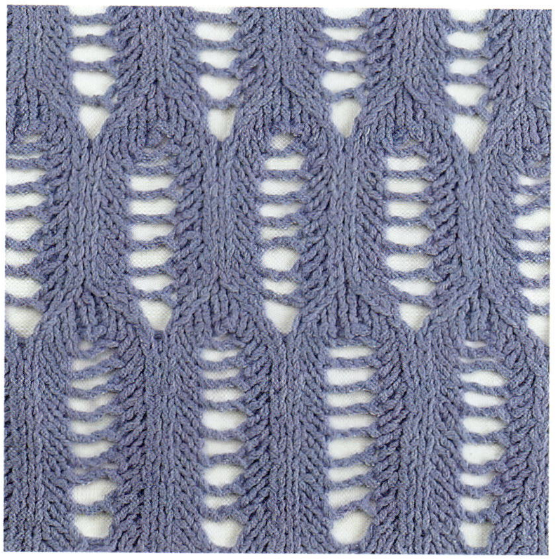

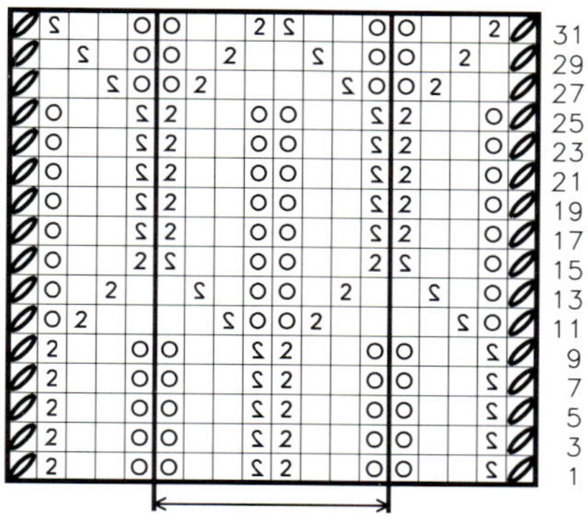

Maschenzahl teilbar durch 8 + 2 Randmaschen

In Hinreihen nach Strickschrift stricken, dabei wie gezeichnet beginnen, den Rapport von 8 Maschen stets wiederholen und wie gezeichnet enden. In Rückreihen alle Maschen links stricken, aus den beiden Umschlägen 1 Masche links und 1 Masche rechts stricken. Die 1.–32. Reihe stets wiederholen.

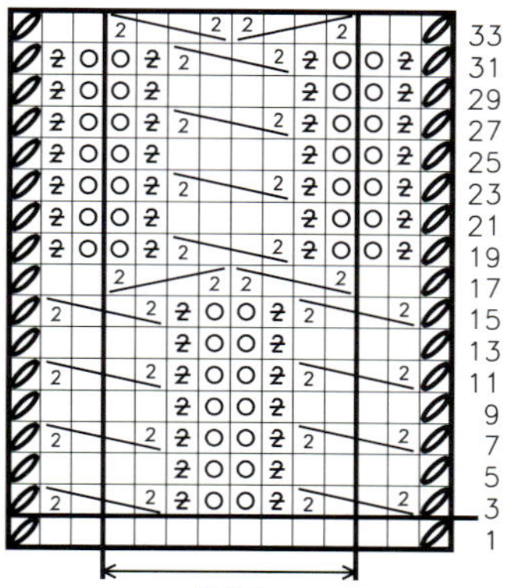

Maschenzahl teilbar durch 8 + 4 Maschen + 2 Randmaschen

In Hinreihen nach Strickschrift stricken, dabei wie gezeichnet beginnen, den Rapport von 8 Maschen stets wiederholen und wie gezeichnet enden. In Rückreihen die Maschen stricken, wie sie erscheinen, aus den beiden Umschlägen 1 Masche links und 1 Masche rechts stricken. Nach der 1. und 2. Reihe die 3.–34. Reihe stets wiederholen.

Maschenzahl teilbar durch 3 + 1 Masche + 2 Randmaschen

1. Reihe (Hinreihe): Randmasche, ✱ 1 Knoten arbeiten. Dafür 3 Maschen rechts verschränkt zusammenstricken, die Maschen aber auf der Nadel lassen, 1 Umschlag arbeiten und die 3 Maschen nochmals rechts verschränkt zusammenstricken, erst dann von der Nadel gleiten lassen, ab ✱ wiederholen, enden mit 1 Masche rechts, Randmasche.

2. Reihe: Alle Maschen links stricken.

3. Reihe: Randmasche, 1 Maschen rechts, ✱ 1 Knoten arbeiten, ab ✱ wiederholen, Randmasche.

4. Reihe: Alle Maschen links stricken.

5. Reihe: Randmasche, 2 Maschen rechts, ✱ 1 Knoten arbeiten, ab ✱ wiederholen, enden mit 2 Maschen rechts, Randmasche.

6. Reihe: Alle Maschen links stricken.

Die 1.–6. Reihe stets wiederholen.

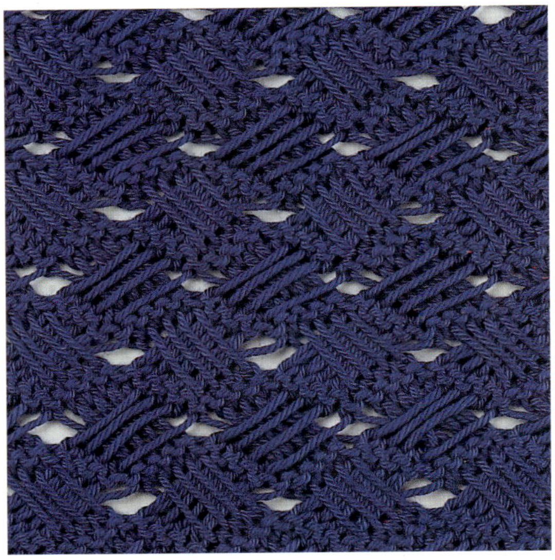

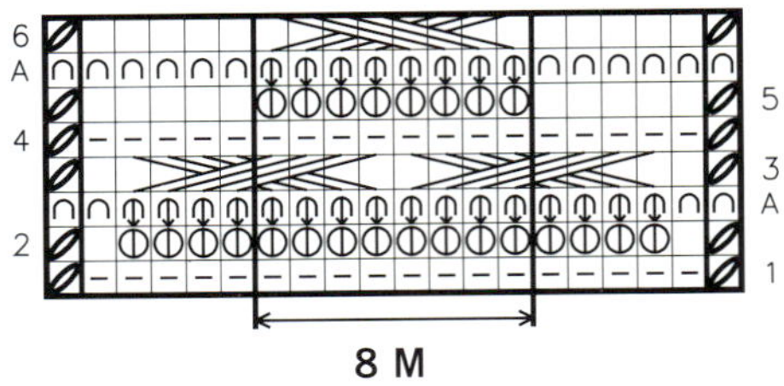

Maschenzahl teilbar durch 8 + 2 Maschen + 2 Randmaschen

Das Muster wird in Reihen mit einer Rundstricknadel gearbeitet. In Hin- und Rückreihen nach Strickschrift stricken, dabei wie gezeichnet beginnen, den Rapport von 8 Maschen stets wiederholen und wie gezeichnet enden. In den mit „A" gekennzeichneten Reihen werden alle Maschen nur links abgehoben und die Umschläge fallen gelassen. Danach die Maschen zurück an das andere Nadelende schieben und weiterstricken.
Die 1.–6. Reihe stets wiederholen.

 = in Hinreihen arbeiten: Von der linken Nadelspitze aus gezählt die 5. bis 8. Masche über die ersten 4 Maschen heben und davor legen, dann nacheinander die 5. bis 8. Masche und die 1. bis 4. Masche rechts stricken.

 = in Rückreihen arbeiten: Von der linken Nadelspitze aus gezählt die 5. bis 8. Masche über die ersten 4 Maschen heben und davor legen, dann nacheinander die 5. bis 8. Masche und die 1. bis 4. Masche links stricken.

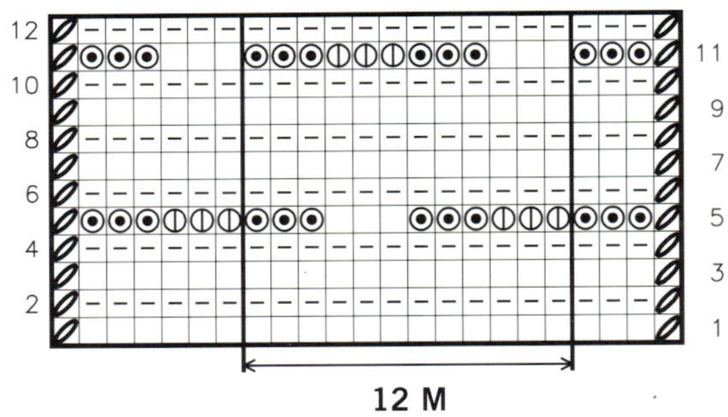

Maschenzahl teilbar durch 12 + 9 Maschen + 2 Randmaschen

In Hin- und Rückreihen nach Strickschrift stricken, dabei wie gezeichnet beginnen, den Rapport von 12 Maschen stets wiederholen und wie gezeichnet enden. In jeder 6. und 12. Musterreihe alle Maschen rechts stricken, dabei die Umschläge fallen lassen.
Die 1.–12. Reihe stets wiederholen.

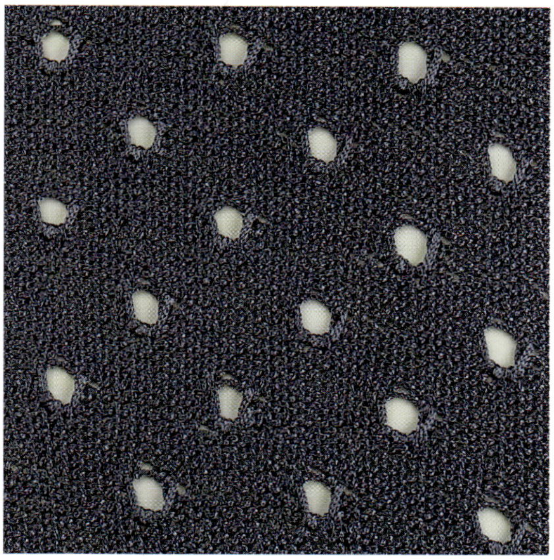

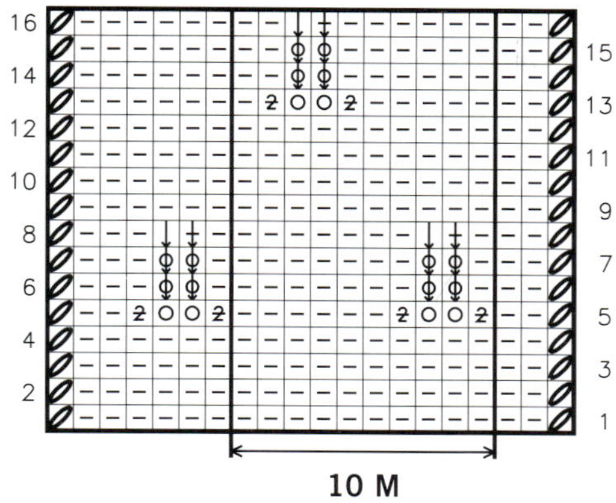

Maschenzahl teilbar durch 10 + 8 Maschen + 2 Randmaschen

In Hin- und Rückreihen nach Strickschrift stricken, dabei wie gezeichnet beginnen, den Rapport von 10 Maschen stets wiederholen und wie gezeichnet enden.
Die 1.–16. Reihe stets wiederholen.

[Symbol] = den Umschlag der vorherigen Reihe fallen lassen und dafür 1 neuen Umschlag arbeiten.

[Symbol] = die beiden letzten Umschläge von der Nadel fallen lassen. Es sind jetzt 3 Querfäden vorhanden. Diese auf die linke Nadel nehmen und 1 Masche links, 1 Masche rechts daraus stricken, dabei mit der rechten Nadel unter allen Querfäden durchstechen.

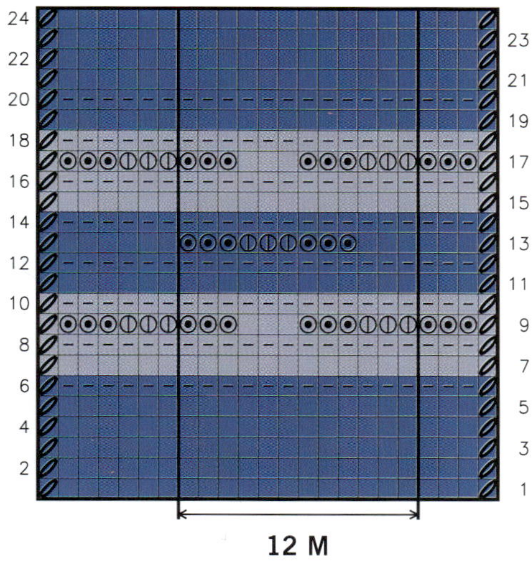

Maschenzahl teilbar durch 12 + 9 Maschen + 2 Randmaschen

In Hin- und Rückreihen nach Strickschrift stricken, dabei wie gezeichnet beginnen, den Rapport von 12 Maschen stets wiederholen und wie gezeichnet enden. In jeder 10., 14. und 18. Musterreihe alle Maschen rechts stricken, dabei die Umschläge fallen lassen.
Die 1.–24. Reihe stets wiederholen.

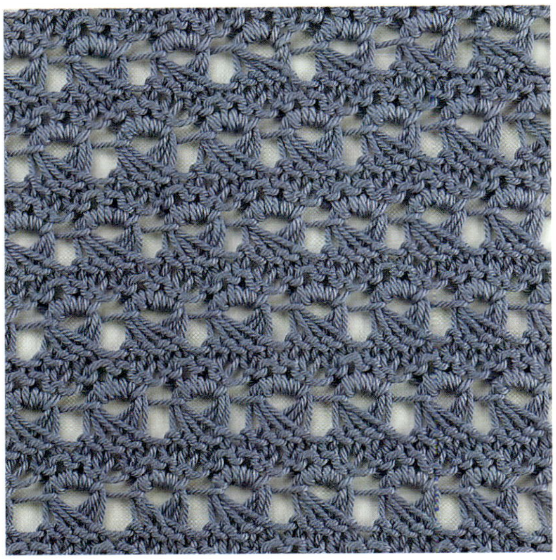

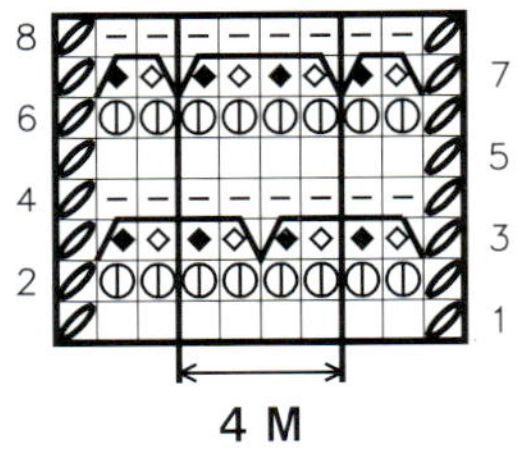

Maschenzahl teilbar durch 4 + 2 Randmaschen

In Hin- und Rückreihen nach Strickschrift stricken, dabei wie gezeichnet beginnen, den Rapport von 4 Maschen stets wiederholen und wie gezeichnet enden.
In jeder 2. und 6. Musterreihe zwischen den Randmaschen jede Masche mit 2 Umschlägen **rechts** stricken.
Die 1.–8. Reihe stets wiederholen.

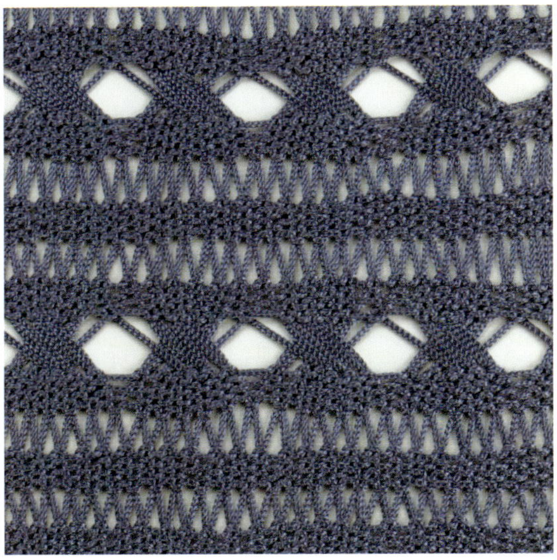

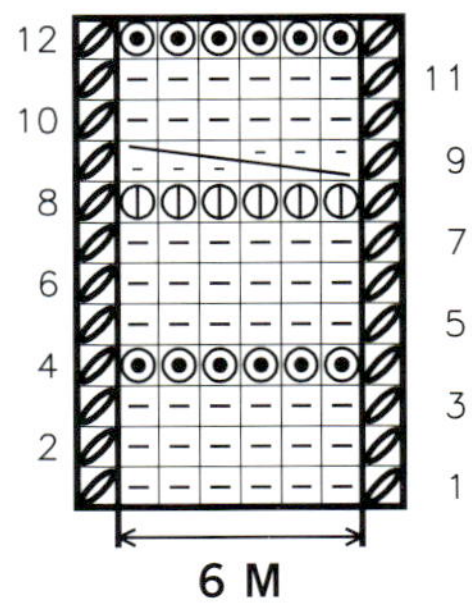

Maschenzahl teilbar durch 6 + 2 Randmaschen

In Hin- und Rückreihen nach Strickschrift stricken, dabei nach der Randmasche den Rapport von 6 Maschen stets wiederholen und wie gezeichnet enden. Nach jeder 4. und 12. Musterreihe alle Maschen links stricken, dabei die Umschläge fallen lassen. In jeder 9. Musterreihe die Maschen wie unten beschrieben arbeiten.
Die 1.–12. Reihe stets wiederholen.

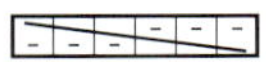 = die folgenden 6 Maschen links abheben, dabei die Umschläge fallen lassen. Danach die Maschen wieder auf die linke Nadel zurückheben und verkreuzen: 3 Maschen auf einer Zopfnadel vor die Arbeit legen, 3 Maschen links, dann die Maschen der Zopfnadel links stricken.

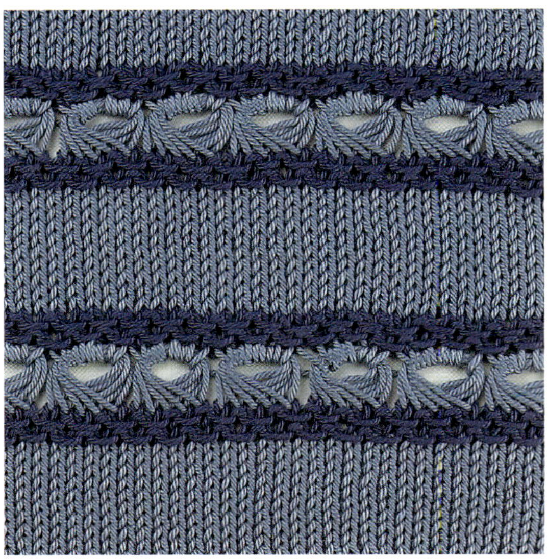

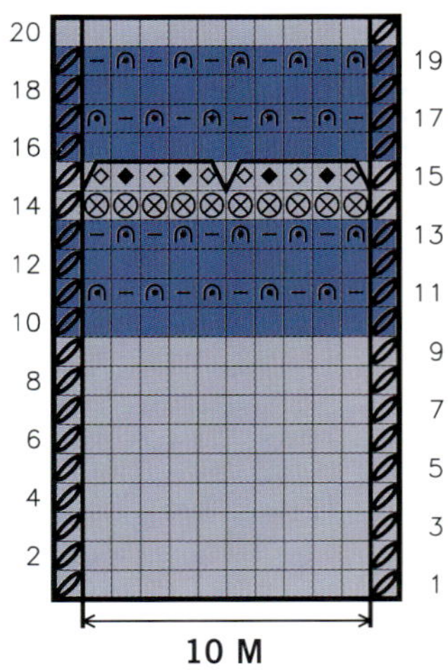

Maschenzahl teilbar durch 10 + 2 Randmaschen

In Hin- und Rückreihen nach Strickschrift stricken, dabei nach der Randmasche den Rapport von 10 Maschen stets wiederholen, Randmasche.
Die 1.–20. Reihe stets wiederholen

Jacquard-muster

Jacquard- oder Norwegermuster haben eine lange Tradition. Die mehrfarbigen geometrischen Einstrickmuster, die von Norweger- und Islandpullovern weltweit bekannt sind, dienen jedoch nicht nur als Schmuck, sondern sind auch besonders dicht und wärmend, da jeweils mindestens ein Faden auf der Rückseite der Arbeit liegen bleibt und das Gestrick verstärkt.

Berühmt sind die Rautensterne auf den Passen von Norwegerpullovern, Mützen und Handschuhen, aber auch Blumen- und Tiermotive oder rein ornamentale Bordüren lassen sich in der Jacquardtechnik stricken.

Vermutlich gehen viele der klassischen Muster auf die Weberei zurück. Auf diesen Zusammenhang weist auch der Begriff „Jacquardmuster“ hin, denn ähnliche Muster können seit Beginn des 19. Jahrhunderts auf der Jacquardmaschine, einem von Joseph-Marie Jacquard entwickelten Bildwebstuhl gearbeitet werden.

Jacquardmuster werden mit zwei – selten auch mehr – verschiedenfarbigen Fäden gleichzeitig glatt rechts gestrickt, wobei der gerade nicht für das Muster benötigte Faden hinter der Arbeit locker mitgeführt wird. Wichtig ist dabei, dass diese Spannfäden nicht zu fest angezogen werden, damit das Gestrick elastisch bleibt. Außerdem sollten bei dünnerem Garn nicht mehr als sieben bis neun, bei dickerem Garn nicht mehr als fünf bis sieben Maschen überspannt werden. Wenn das Muster größere Abstände zwischen den Maschen einer Farbe vorsieht, müssen die beiden Arbeitsfäden von Zeit zu Zeit miteinander verkreuzt werden, um allzu große Schlaufen zu vermeiden. Die Randmaschen werden mit beiden Fäden gestrickt, sodass auch die letzten Maschen der nicht bis zum Rand verstrickten Farbe sauber und gleichmäßig gelingen.

Maschenzahl teilbar durch 30 + 1 Masche + 2 Randmaschen

In Hin- und Rückreihen glatt rechts in Jacquardtechnik nach Zählmuster stricken, dabei in Hinreihen nach der Randmasche den Rapport von 30 Maschen stets wiederholen und wie gezeichnet enden, Randmasche.
Die 1.–30. Reihe stets wiederholen.

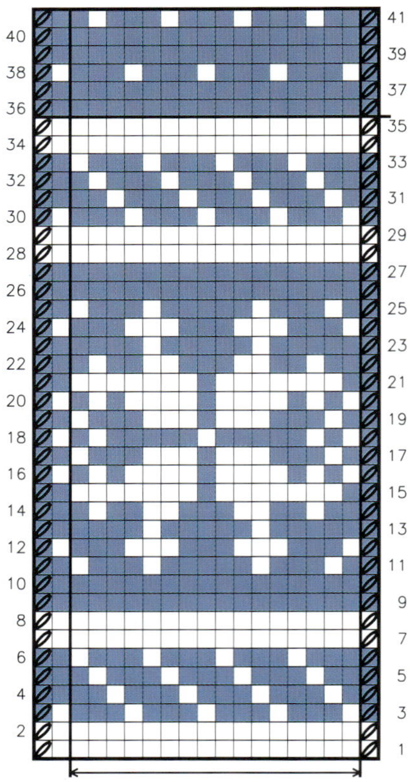

Maschenzahl teilbar durch 16 + 1 Masche + 2 Randmaschen

In Hin- und Rückreihen glatt rechts in Jacquardtechnik nach Zählmuster stricken, dabei in Hinreihen nach der Randmasche den Rapport stets wiederholen und wie gezeichnet enden, Randmasche.
Nach der 1.–35. Reihe die 36.–41. Reihe stets wiederholen.

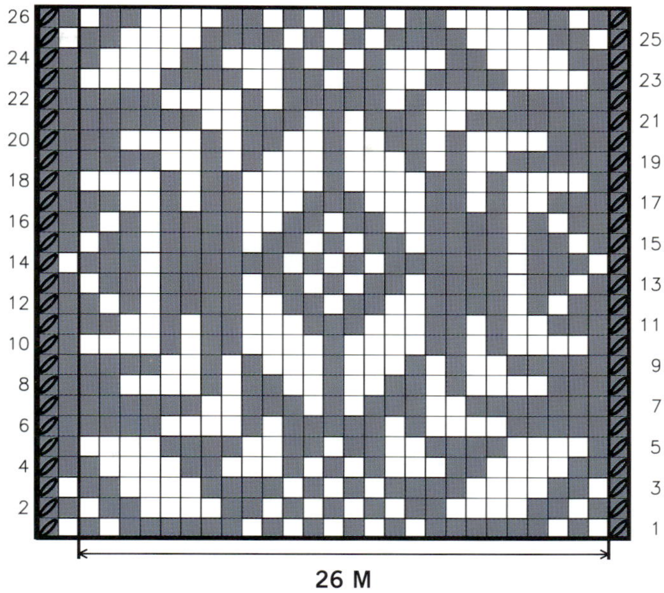

Maschenzahl teilbar durch 26 + 1 Masche + 2 Randmaschen

In Hin- und Rückreihen glatt rechts in Jacquardtechnik nach Zählmuster stricken, dabei in Hinreihen nach der Randmasche den Rapport von 26 Maschen stets wiederholen und wie gezeichnet enden, Randmasche.
Die 1.–26. Reihe stets wiederholen.

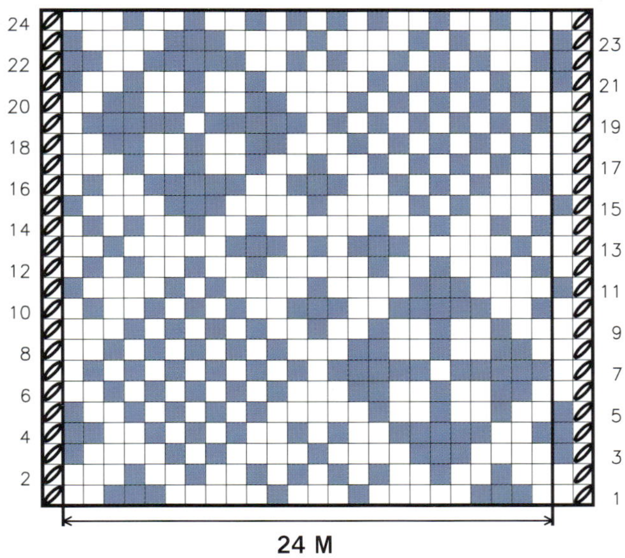

Maschenzahl teilbar durch 24 + 1 Masche + 2 Randmaschen

In Hin- und Rückreihen glatt rechts in Jacquardtechnik nach Zählmuster stricken, dabei in Hinreihen nach der Randmasche wie gezeichnet beginnen, den Rapport von 24 Maschen stets wiederholen, Randmasche.
Die 1.–24. Reihe stets wiederholen.

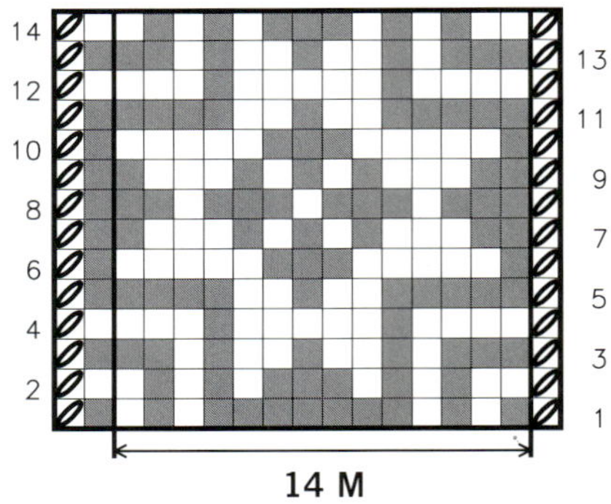

Maschenzahl teilbar durch 14 + 1 Masche + 2 Randmaschen

In Hin- und Rückreihen glatt rechts in Jacquardtechnik nach Zählmuster stricken, dabei in Hinreihen nach der Randmasche den Rapport von 14 Maschen stets wiederholen und wie gezeichnet enden. Die 1.–14. Reihe stets wiederholen.

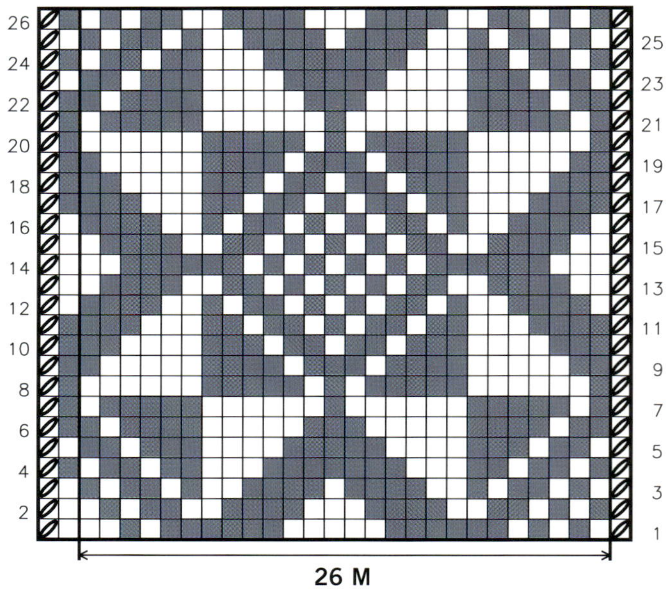

Maschenzahl teilbar durch 26 + 1 Masche + 2 Randmaschen

In Hin- und Rückreihen glatt rechts in Jacquardtechnik nach Zählmuster stricken, dabei in Hinreihen nach der Randmasche den Rapport von 26 Maschen stets wiederholen und wie gezeichnet enden. Die 1.–26. Reihe stets wiederholen.

Tipp: Stricken Sie dieses Muster doch einmal einfarbig, dann werden die weißen Maschen glatt links und die jeansblauen Maschen glatt rechts gestrickt. So erhalten Sie ein interessantes Strukturmuster.

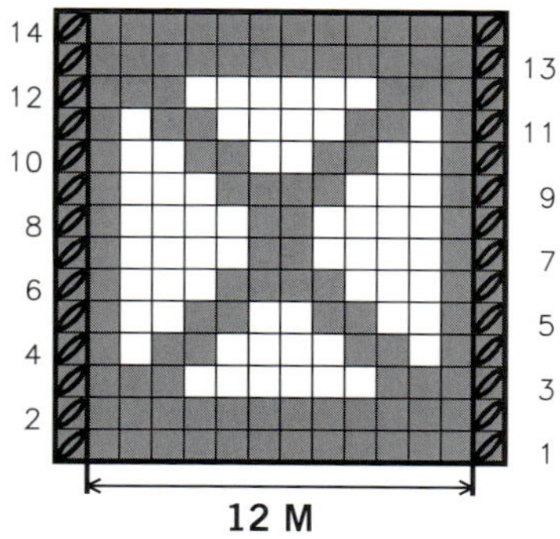

Maschenzahl teilbar durch 12 + 2 Randmaschen

In Hin- und Rückreihen glatt rechts in Jacquardtechnik nach Zählmuster stricken, dabei nach der Randmasche den Rapport von 12 Maschen stets wiederholen, Randmasche.
Nach der 1. und 2. Reihe die 3.–14. Reihe stets wiederholen.

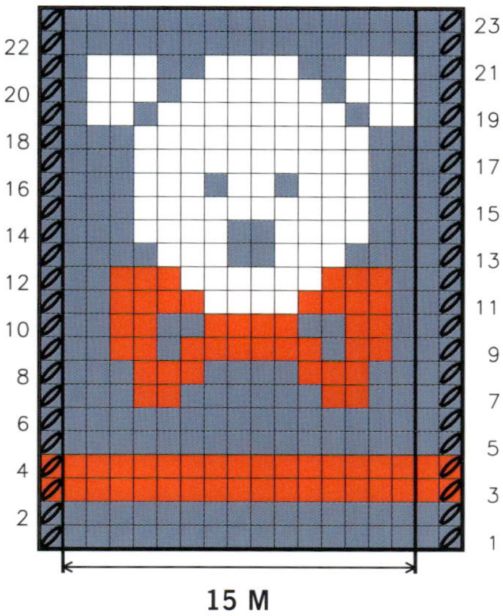

Maschenzahl teilbar durch 15 + 1 Masche + 2 Randmaschen

Glatt rechts in Jacquardtechnik in Hin- und Rückreihen nach Zählmuster stricken, dabei wie gezeichnet beginnen, den Rapport von 15 Maschen stets wiederholen, Randmasche.
1x die 1.–23. Reihe stricken.

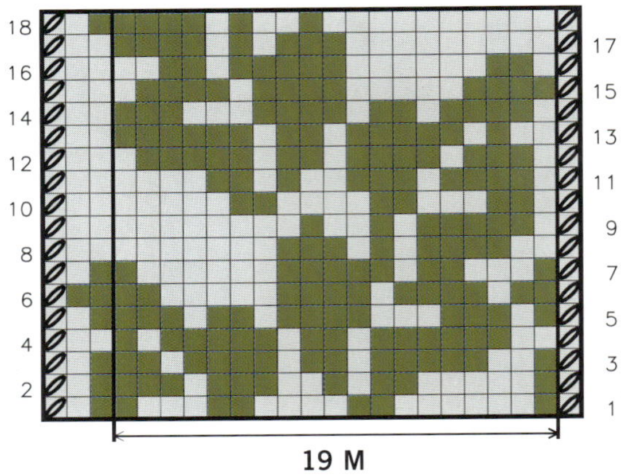

Maschenzahl teilbar durch 19 + 2 Maschen + 2 Randmaschen

In Hin- und Rückreihen glatt rechts in Jacquardtechnik nach Zählmuster stricken, dabei in Hinreihen nach der Randmasche den Rapport von 19 Maschen stets wiederholen und wie gezeichnet enden. Die 1.–18. Reihe stets wiederholen.

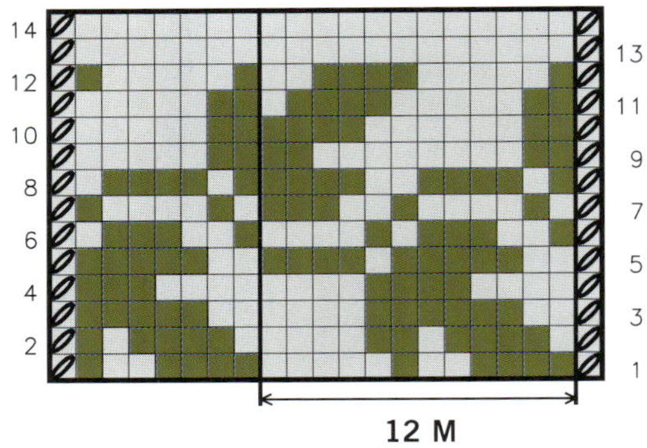

Maschenzahl teilbar durch 12 + 7 Maschen + 2 Randmaschen

In Hin- und Rückreihen glatt rechts in Jacquardtechnik nach Zählmuster stricken, dabei in Hinreihen nach der Randmasche den Rapport von 12 Maschen stets wiederholen und wie gezeichnet enden. Die 1.–14. Reihe stets wiederholen.

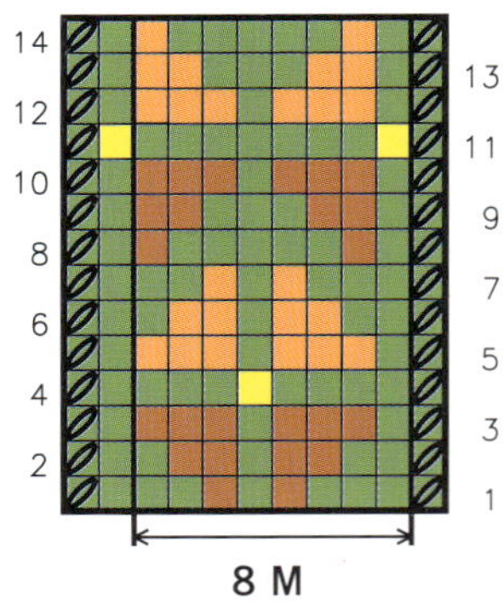

Maschenzahl teilbar durch 8 + 1 Masche + 2 Randmaschen

In Hin- und Rückreihen glatt rechts in Jacquardtechnik nach Zählmuster stricken, dabei in Hinreihen nach der Randmasche den Rapport von 8 Maschen stets wiederholen und wie gezeichnet enden. Die 1.–14. Reihe stets wiederholen.

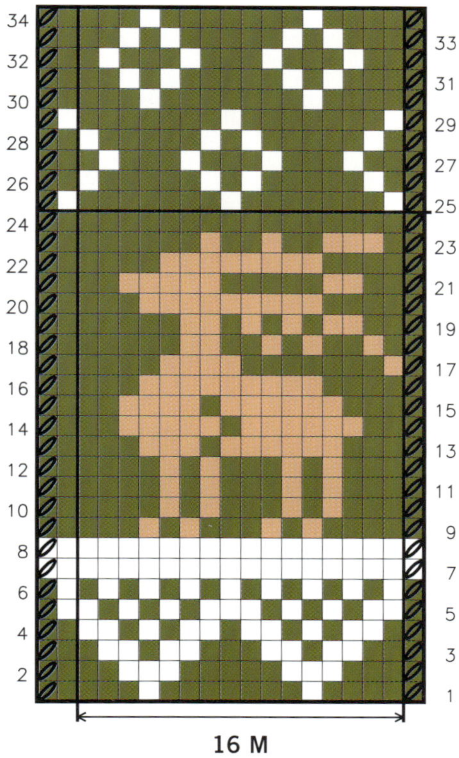

Maschenzahl teilbar durch 16 + 1 Masche + 2 Randmaschen

In Hin- und Rückreihen glatt rechts in Jacquardtechnik nach Zählmuster stricken, dabei in Hinreihen nach der Randmasche den Rapport von 16 Maschen stets wiederholen und wie gezeichnet enden. Nach der 1.–24. Reihe die 25.–34. Reihe stets wiederholen.

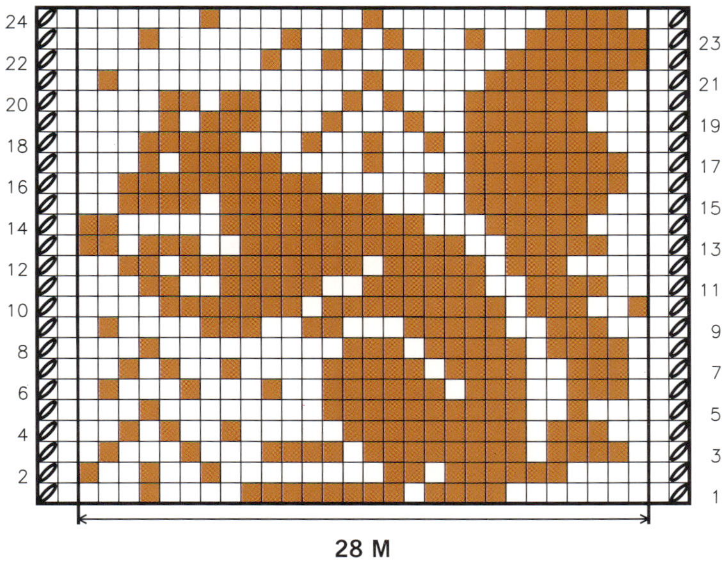

Maschenzahl teilbar durch 28 + 2 Maschen + 2 Randmaschen

In Hin- und Rückreihen glatt rechts in Jacquardtechnik nach Zählmuster stricken, dabei wie gezeichnet beginnen, den Rapport von 28 Maschen stets wiederholen und wie gezeichnet enden. Die 1.–24. Reihe stets wiederholen.

Maschenzahl teilbar durch 32 + 1 Masche + 2 Randmaschen

In Hin- und Rückreihen glatt rechts in Jacquardtechnik nach Zählmuster stricken, dabei in Hinreihen nach der Randmasche wie gezeichnet beginnen, den Rapport von 32 Maschen stets wiederholen, Randmasche.
1x die 1.–56. Reihe stricken.

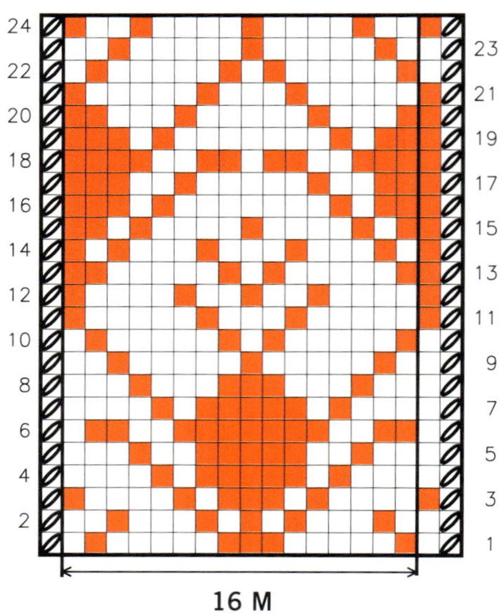

Maschenzahl teilbar durch 16 + 1 Masche + 2 Randmaschen

In Hin- und Rückreihen glatt rechts in Jacquardtechnik nach Zählmuster stricken, dabei in Hinreihen nach der Randmasche wie gezeichnet beginnen, den Rapport von 16 Maschen stets wiederholen, Randmasche.
Die 1.–24. Reihe stets wiederholen.

Maschenzahl teilbar durch 36 + 1 Masche + 2 Randmaschen

In Hin- und Rückreihen glatt rechts in Jacquardtechnik nach Zählmuster stricken, dabei in Hinreihen nach der Randmasche wie gezeichnet beginnen, dann den Rapport von 36 Maschen stets wiederholen, Randmasche.
Als Bordüre 1x die 1.–60. Reihe stricken.
Als Flächenmuster die 1.–60. Reihe stets wiederholen.

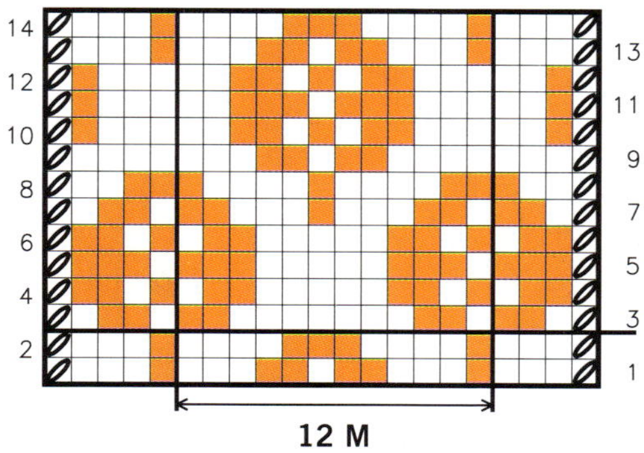

Maschenzahl teilbar durch 12 + 7 Maschen + 2 Randmaschen

In Hin- und Rückreihen glatt rechts in Jacquardtechnik nach Zählmuster stricken, dabei wie gezeichnet beginnen, den Rapport von 12 Maschen stets wiederholen und wie gezeichnet enden.
Nach der 1. und 2. Reihe die 3.–14. Reihe stets wiederholen.

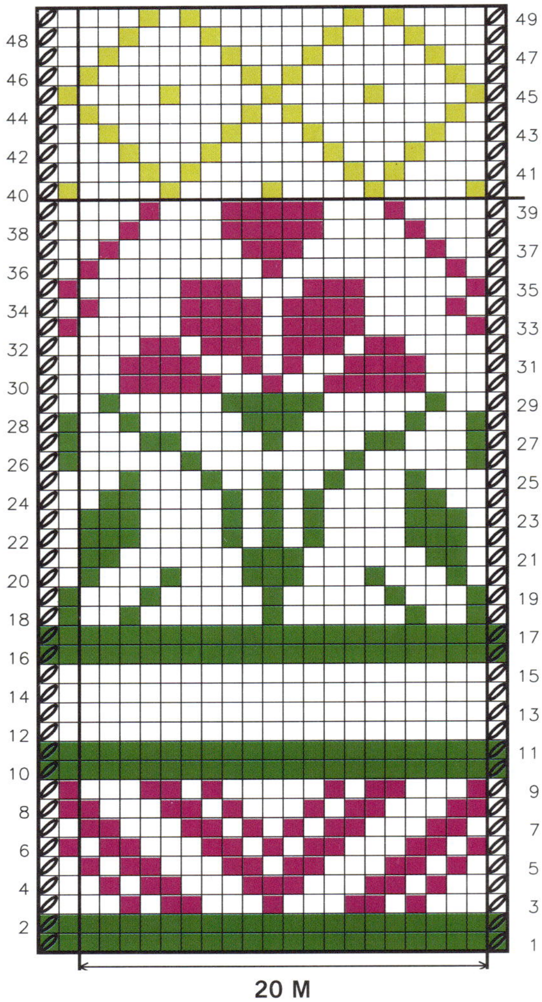

Maschenzahl teilbar durch 20 + 1 Masche + 2 Randmaschen

In Hin- und Rückreihen glatt rechts in Jacquardtechnik nach Zählmuster stricken, dabei in Hinreihen nach der Randmasche den Rapport von 20 Maschen stets wiederholen und wie gezeichnet enden.
1x die 1.–39. Reihe stricken, dann die 40.–49. Reihe stets wiederholen.

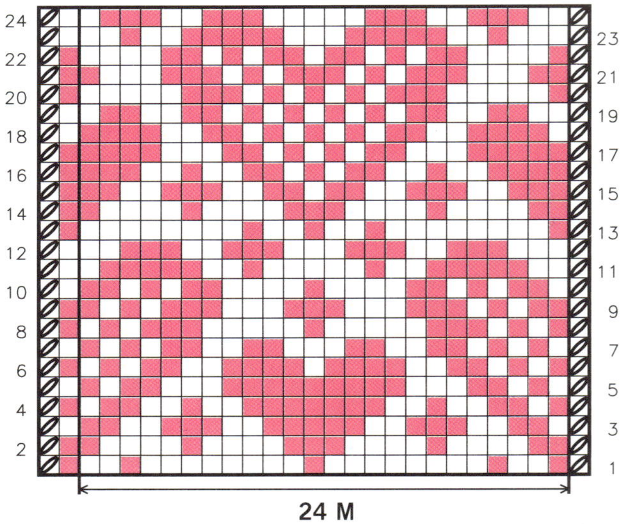

Maschenzahl teilbar durch 24 + 1 Masche + 2 Randmaschen

In Hin- und Rückreihen glatt rechts in Jacquardtechnik nach Zählmuster stricken, dabei in Hinreihen nach der Randmasche den Rapport von 24 Maschen stets wiederholen und wie gezeichnet enden.
Die 1.–24. Reihe stets wiederholen.

Maschenzahl teilbar durch 26 + 2 Randmaschen

Die Bordüre glatt rechts in Jacquardtechnik in Hin- und Rückreihen nach Zählmuster stricken, dabei nach der Randmasche den Rapport von 26 Maschen stets wiederholen, Randmasche.
1x die 1.–33. Reihe stricken.

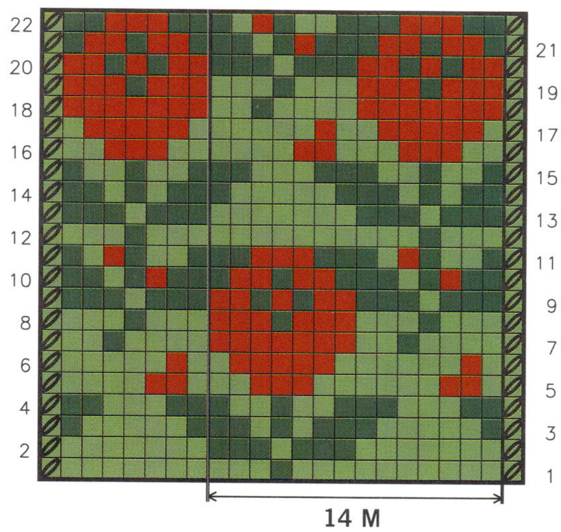

Maschenzahl teilbar durch 14 + 7 Maschen + 2 Randmaschen

In Hin- und Rückreihen glatt rechts nach Zählmuster stricken, dabei in Hinreihen nach der Randmasche den Rapport von 14 Maschen stets wiederholen und wie gezeichnet enden.
Die 1.–22. Reihe stets wiederholen.

Minimuster

Wahre „Tausendsassas“ sind die kleinen Muster auf den folgenden Seiten. Sie ergeben ein ruhiges Maschenbild mit gleichmäßiger Oberflächenstruktur und eignen sich dadurch sowohl für ganze Projekte als auch für ruhige Hintergrundflächen zwischen aufwendigeren Musterstreifen. Weil ihr Rapport jeweils nur ein paar Maschen und Reihen umfasst und kaum Aufmerksamkeit erfordert, lassen sie sich leicht stricken und sind daher auch von Anfängern ohne weiteres nachzuarbeiten.

Besonders gut kommen Minimuster zur Geltung, wenn sie mit einem einfarbigen glatten Garn gestrickt werden. Doch probieren Sie auch einmal aus, welche überraschenden Effekte sich ergeben, wenn Sie ein leicht strukturiertes Garn oder ein nicht allzu unruhig gefärbtes Multicolor-Garn verarbeiten.

Maschenzahl beliebig

1. Reihe (Rückreihe): Alle Maschen links stricken.

2. Reihe (Hinreihe): Randmasche, ✲ 1 Schlinge bilden: Dafür nach der 1. Masche auf der linken Nadel von vorn nach hinten unter dem Querfaden zwischen der 1. und 2. Masche durchstechen und den Faden holen, dann die 1. Masche rechts stricken, ab ✲ wiederholen, Randmasche.

3. Reihe: Die Randmasche mit der folgenden Masche links zusammenstricken, ✲ die Schlinge mit der folgenden Masche links zusammenstricken, ab ✲ wiederholen, die letzte Schlinge links stricken, Randmasche.

Nach der 1. Reihe die 2. und 3. Reihe stets wiederholen.

Maschenzahl teilbar durch 3 + 1 Masche + 2 Randmaschen

1. Reihe (Hinreihe), Lindgrün: Randmasche, ✲ 1 Knoten arbeiten. Dafür 3 Maschen rechts verschränkt zusammenstricken, die Maschen aber auf der Nadel lassen, 1 Umschlag arbeiten und die 3 Maschen nochmals rechts verschränkt zusammenstricken, erst dann von der Nadel gleiten lassen, ab ✲ wiederholen, enden mit 1 Masche rechts, Randmasche.

2. Reihe, Lindgrün: Alle Maschen links stricken.

3. Reihe, Camel: Randmasche, 2 Maschen rechts, ✲ 1 Knoten arbeiten, ab ✲ wiederholen, enden mit 2 Maschen rechts, Randmasche.

4. Reihe, Camel: Alle Maschen links stricken.

5. Reihe, Beige: Randmasche, 1 Masche rechts, ✲ 1 Knoten arbeiten, ab ✲ wiederholen, Randmasche.

6. Reihe, Beige: Alle Maschen links stricken.

Die 1.–6. Reihe stets wiederholen.

Maschenzahl teilbar durch 3 + 1 Masche + 2 Randmaschen

1. Reihe (Rückreihe): Randmasche, 1 Masche rechts, ✲ 1 Umschlag, 2 Maschen links zusammenstricken, 1 Masche rechts, ab ✲ wiederholen, Randmasche.

2. Reihe (Hinreihe): Randmasche, 1 Masche links, ✲ 1 Umschlag, 1 Masche mit dem folgenden Umschlag rechts verschränkt zusammenstricken, 1 Masche links, ab ✲ wiederholen, Randmasche.

3. Reihe: Randmasche, 1 Masche rechts, ✲ 1 Umschlag, folgende Masche mit dem Umschlag links zusammenstricken, 1 Masche rechts, ab ✲ wiederholen, Randmasche.

Nach der 1. Reihe die 2. und 3. Reihe stets wiederholen.

Gerade Maschenzahl

1. Reihe (Rückreihe): Randmasche, ✲ 1 Masche links, 1 Masche mit 1 Umschlag links abheben, ab ✲ wiederholen.

2. Reihe (Hinreihe): Randmasche, ✲ folgende Masche mit dem Umschlag rechts zusammenstricken, 1 Masche rechts, ab ✲ wiederholen, Randmasche.

3. Reihe: Randmasche, ✲ 1 Masche mit 1 Umschlag links abheben, 1 Masche links, ab ✲ wiederholen, Randmasche.

4. Reihe: Randmasche, ✲ 1 Masche rechts, folgende Masche mit dem Umschlag rechts zusammenstricken, ab ✲ wiederholen, Randmasche.

Die 1.–4. Reihe stets wiederholen.

Gerade Maschenzahl

1. Reihe (Hinreihe): Randmasche, 1 Masche rechts, ✲ zuerst die 2. Masche der linken Nadel rechts verschränkt stricken, dabei die rechte Nadel hinter der 1. Masche vorbeiführen, dann die 1. Masche rechts stricken und beide Maschen von der linken Nadel gleiten lassen, ab ✲ wiederholen, enden mit 1 Masche rechts, Randmasche.

2. Reihe: Randmasche, ✲ zuerst die 2. Masche der linken Nadel links stricken, dabei die rechte Nadel vor der 1. Masche vorbeiführen, dann die 1. Masche links stricken und beide Maschen von der linken Nadel gleiten lassen, ab ✲ wiederholen, Randmasche.

Die 1. und 2. Reihe stets wiederholen.

Ungerade Maschenzahl

1. Reihe (Rückreihe), Lindgrün: Alle Maschen rechts stricken.

2. Reihe (Hinreihe), Camel: Randmasche, 1 Masche links, 1 Masche rechts im Wechsel stricken, enden mit 1 Masche links, Randmasche.

3. Reihe, Camel: Die Maschen stricken, wie sie erscheinen.

4. und 5. Reihe, Lindgrün: 1 Krausrippe arbeiten, d. h. beide Reihen rechts stricken.

6. Reihe, Camel: Randmasche, 1 Masche rechts, 1 Masche links im Wechsel stricken, enden mit 1 Masche rechts, Randmasche.

7. Reihe, Camel: Die Maschen stricken, wie sie erscheinen.

8. und 9. Reihe, Lindgrün: 1 Krausrippe arbeiten.

Nach der 1. Reihe die 2.–9. Reihe stets wiederholen.

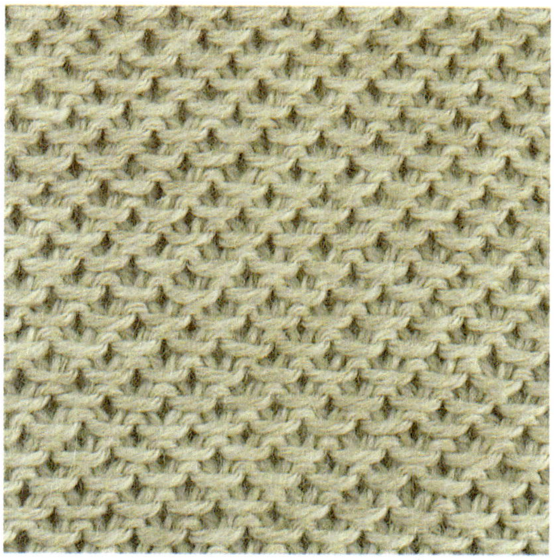

Gerade Maschenzahl

1. Reihe (Hinreihe): Randmasche, ✲ 1 Masche links abheben mit Faden vor der Masche, 1 Masche links, ab ✲ wiederholen, Randmasche.

2. Reihe: Alle Maschen links stricken.

3. Reihe: Randmasche, ✲ 1 Masche links, 1 Masche links abheben mit Faden vor der Masche, ab ✲ wiederholen, Randmasche.

4. Reihe: Alle Maschen links stricken.

Die 1.–4. Reihe stets wiederholen.

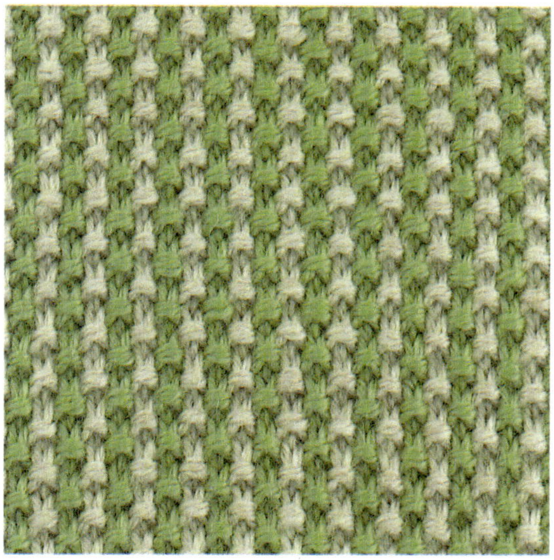

Ungerade Maschenzahl

Hinweis: Dieses Muster locker stricken!

1. Reihe (Rückreihe), Beige: Randmasche, 1 Masche rechts, 1 Masche links im Wechsel, enden mit 1 Masche rechts, Randmasche.

2. Reihe (Hinreihe), Lindgrün: Randmasche, ✲ 1 Masche links abheben mit Faden hinter der Masche, 1 Masche rechts, ab ✲ wiederholen, enden mit 1 Masche links abheben mit Faden hinter der Masche, Randmasche.

3. Reihe, Lindgrün: Randmasche, 1 Masche links abheben mit Faden vor der Masche, ✲ 1 Masche rechts, 1 Masche links abheben mit Faden vor der Masche, ab ✲ wiederholen, Randmasche.

4. Reihe, Beige: Randmasche, ✲ 1 Masche rechts, 1 Masche links abheben mit Faden hinter der Masche, ab ✲ wiederholen, enden mit 1 Masche rechts, Randmasche.

5. Reihe, Beige: Randmasche, 1 Masche rechts, ✲ 1 Masche links abheben mit Faden vor der Masche, 1 Masche rechts, ab ✲ wiederholen, Randmasche.

Nach der 1. Reihe die 2.–5. Reihe stets wiederholen.

Gerade Maschenzahl

1. Reihe (Hinreihe): Randmasche, ✲ 1 Masche rechts verschränkt, 1 Masche links, ab ✲ wiederholen, Randmasche.

2. Reihe: Alle Maschen rechts stricken.

Die 1. und 2. Reihe wiederholen.

Maschenzahl teilbar durch 4 + 3 Maschen + 2 Randmaschen

1. Reihe (Hinreihe): Randmasche, 1 Masche rechts, * 1 Masche links, 3 Maschen rechts, ab * wiederholen, enden mit 1 Masche links, 1 Masche rechts, Randmasche.

2. Reihe: Alle Maschen links stricken.

3. Reihe: Randmasche, 3 Maschen rechts, * 1 Masche links, 3 Maschen rechts, ab * wiederholen, Randmasche.

4. Reihe: Alle Maschen links stricken.

Die 1.–4. Reihe wiederholen.

Maschenzahl teilbar durch 4 + 3 Maschen + 2 Randmaschen

1. Reihe (Hinreihe): Randmasche, * 3 Maschen rechts, 1 Masche links abheben mit Faden hinter der Masche, ab * wiederholen, 3 Maschen rechts, Randmasche.

2. Reihe: * 3 Maschen rechts, 1 Masche links abheben mit Faden vor der Masche, ab * wiederholen, 3 Maschen rechts, Randmasche.

3. Reihe: Randmasche, 1 Masche rechts, * 1 Masche links abheben mit Faden hinter der Masche, 3 Maschen rechts, ab * wiederholen, 1 Masche links abheben mit Faden hinter der Masche, 1 Masche rechts, Randmasche.

4. Reihe: Randmasche, 1 Masche rechts, * 1 Masche links abheben mit Faden vor der Masche, 3 Maschen rechts, ab * wiederholen, 1 Masche links abheben mit Faden vor der Masche, 1 Masche rechts, Randmasche.

Die 1.–4. Reihe stets wiederholen.

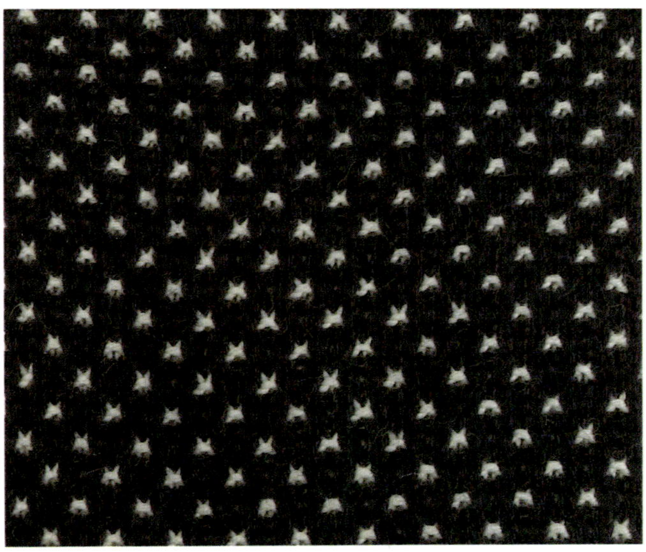

Muster mit abgehobenen Maschen

Kaum zu glauben: Bei diesen vielfältigen und raffinierten Mustern wird in jeder Reihe nur mit einer einzigen Farbe gestrickt. Längsstreifen, Karos, aber auch geometrische Ornamente oder gar Blüten, die wie in Jacquardtechnik gearbeitet erscheinen, entstehen allein dadurch, dass bestimmte Maschen abgehoben und erst in einer der folgenden Reihen wieder gestrickt werden.

Hier sind Ihrer Fantasie keine Grenzen gesetzt: Kombinieren Sie glatte mit stark strukturierten, einfarbige mit Multicolor-Garnen. Denken Sie aber stets daran, dass der Materialverbrauch höher ist als bei anderen Techniken, denn durch die Hebemaschen brauchen Sie mehr Reihen oder Runden auf 10 Zentimeter als sonst üblich.

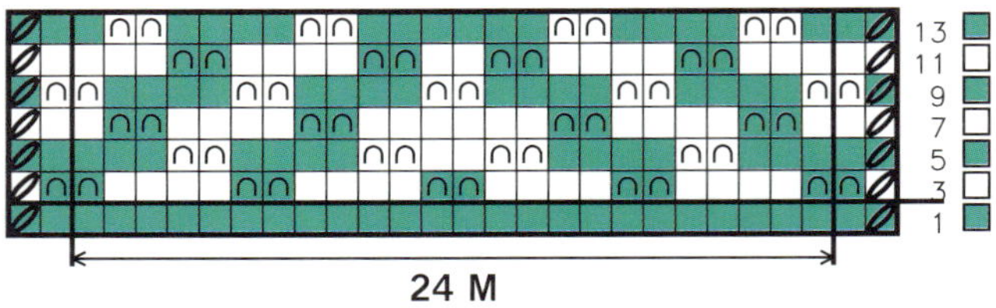

Maschenzahl teilbar durch 24 + 2 Maschen + 2 Randmaschen

In Hinreihen nach Strickschrift stricken, dabei wie gezeichnet beginnen, den Rapport von 24 Maschen stets wiederholen und wie gezeichnet enden. In Rückreihen alle Maschen links stricken, die abgehobenen Maschen der Hinreihen abheben, dabei liegt der Faden vor der Masche.
Nach der 1. und 2. Reihe die 3.–14. Reihe stets wiederholen.

Die Kästchen neben der Reihenangabe geben an, mit welcher Farbe diese beiden Reihen gestrickt werden.

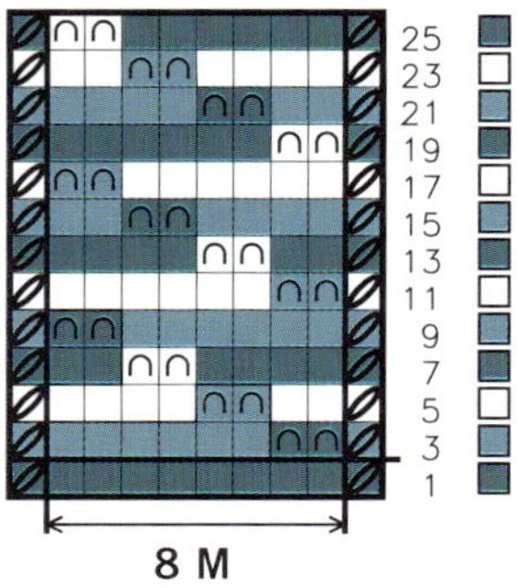

Maschenzahl teilbar durch 8 + 2 Randmaschen

In Hinreihen nach Strickschrift stricken, dabei nach der Randmasche den Rapport von 8 Maschen stets wiederholen, Randmasche. In Rückreihen alle Maschen links stricken und die abgehobenen Maschen der Hinreihen links abheben, dabei liegt der Faden vor der Masche.
Nach der 1. und 2. Reihe die 3.–26. Reihe stets wiederholen.

Die Kästchen neben der Reihenangabe geben an, mit welcher Farbe diese beiden Reihen gestrickt werden.

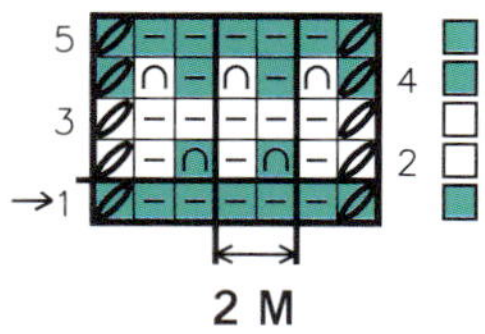

Maschenzahl teilbar durch 2 + 1 Masche + 2 Randmaschen

Das Muster beginnt mit 1 Rückreihe!
In Hin- und Rückreihen nach Strickschrift stricken, dabei wie gezeichnet beginnen, den Rapport von 2 Maschen stets wiederholen und wie gezeichnet enden.
Nach der 1. Reihe die 2.–5. Reihe stets wiederholen.

Die Kästchen neben der Reihenangabe geben an, mit welcher Farbe die Reihen gestrickt werden.

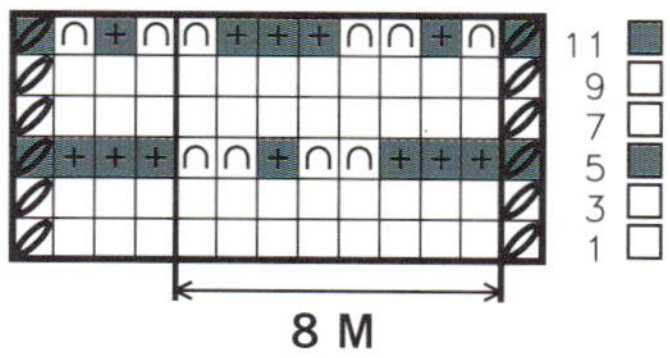

Maschenzahl teilbar durch 8 + 3 Maschen + 2 Randmaschen

In Hinreihen nach Strickschrift stricken, dabei nach der Randmasche den Rapport von 8 Maschen stets wiederholen und wie gezeichnet enden. In Rückreihen die Maschen stricken, wie sie erscheinen bzw. wie in der Zeichenerklärung erklärt, die abgehobenen Maschen der Hinreihen abheben, dabei liegt der Faden vor der Masche.
Die 1.–12. Reihe stets wiederholen.

Die Kästchen neben der Reihenangabe geben an, mit welcher Farbe diese beiden Reihen gestrickt werden.

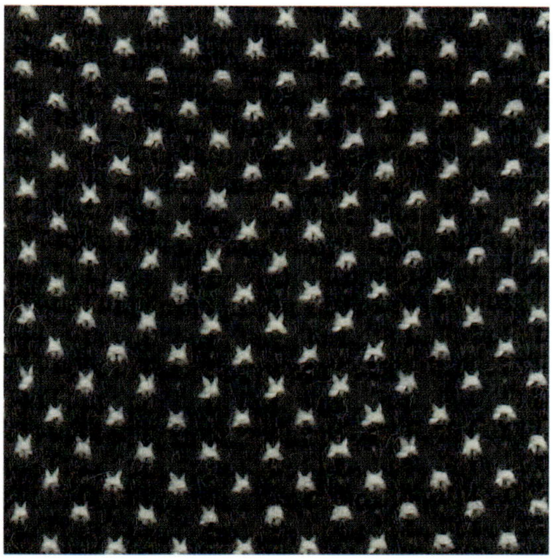

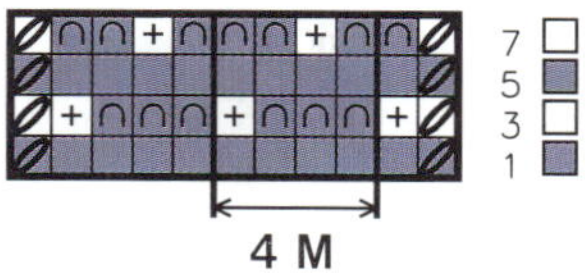

Maschenzahl teilbar durch 4 + 1 Masche + 2 Randmaschen

In Hinreihen nach Strickschrift stricken, dabei wie gezeichnet beginnen, den Rapport von 4 Maschen stets wiederholen und wie gezeichnet enden. In Rückreihen die Maschen stricken, wie sie erscheinen bzw. wie in der Zeichenerklärung erklärt, die abgehobenen Maschen der Hinreihen links abheben, dabei liegt der Faden vor der Masche.
Die 1.–8. Reihe stets wiederholen.

Die Kästchen neben der Reihenangabe geben an, mit welcher Farbe die beiden Reihen gestrickt werden.

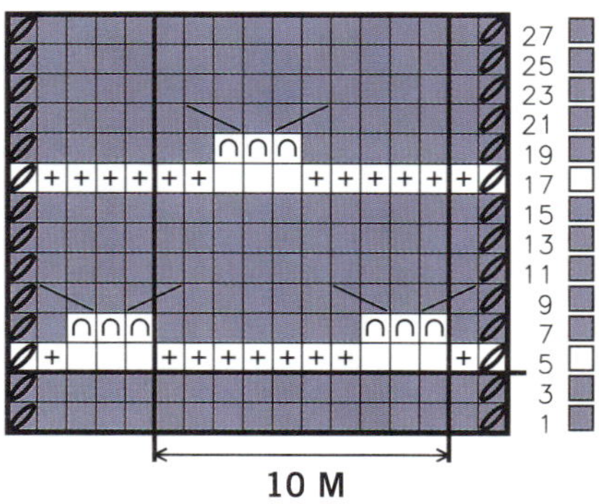

Maschenzahl teilbar durch 10 + 5 Maschen + 2 Randmaschen

In Hinreihen nach Strickschrift stricken, dabei wie gezeichnet beginnen, den Rapport von 10 Maschen stets wiederholen und wie gezeichnet enden. In Rückreihen die Maschen stricken, wie sie erscheinen bzw. wie in der Zeichenerklärung erklärt, die abgehobenen Maschen der Hinreihen abheben, dabei liegt der Faden vor der Masche.
Nach der 1.–4. Reihe die 5.–28. Reihe stets wiederholen.

Die Kästchen neben der Reihenangabe geben an, mit welcher Farbe diese beiden Reihen gestrickt werden.

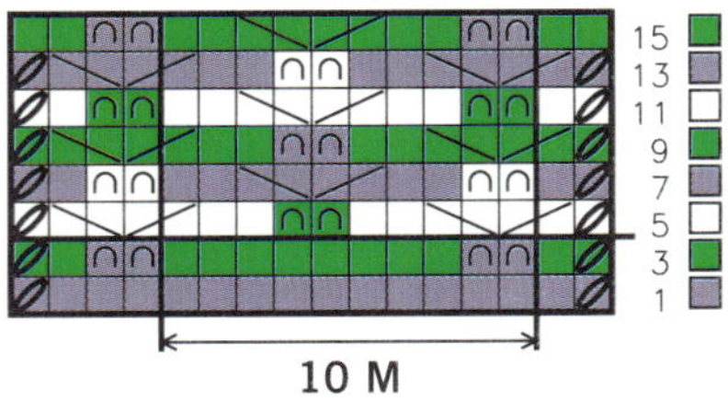

Maschenzahl teilbar durch 10 + 4 Maschen + 2 Randmaschen

In Hinreihen nach Strickschrift stricken, dabei wie gezeichnet beginnen, den Rapport von 10 Maschen stets wiederholen und wie gezeichnet enden. In Rückreihen alle Maschen links stricken, die abgehobenen Maschen der Hinreihen abheben, dabei liegt der Faden vor der Masche.
Nach der 1.–4. Reihe die 5.–16. Reihe stets wiederholen.

Die Kästchen neben der Reihenangabe geben an, mit welcher Farbe diese beiden Reihen gestrickt werden.

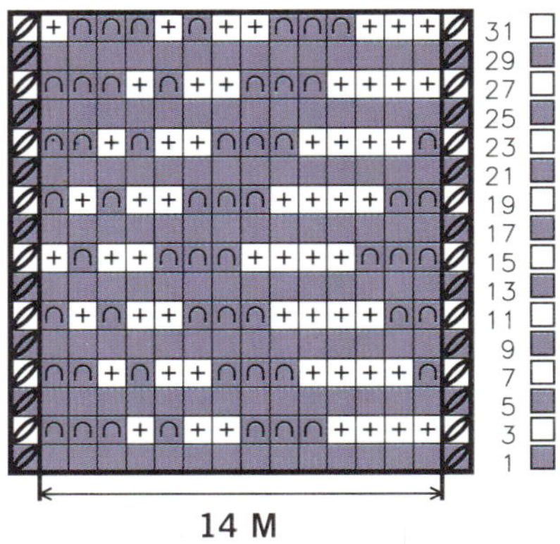

Maschenzahl teilbar durch 14 + 2 Randmaschen

In Hinreihen nach Strickschrift stricken, dabei nach der Randmasche den Rapport von 14 Maschen stets wiederholen, Randmasche. In Rückreihen die Maschen stricken, wie sie erscheinen bzw. wie in der Zeichenerklärung erklärt, die abgehobenen Maschen der Hinreihen abheben, dabei liegt der Faden vor der Masche.
Die 1.–32. Reihe stets wiederholen.

Die Kästchen neben der Reihenangabe geben an, mit welcher Farbe diese beiden Reihen gestrickt werden.

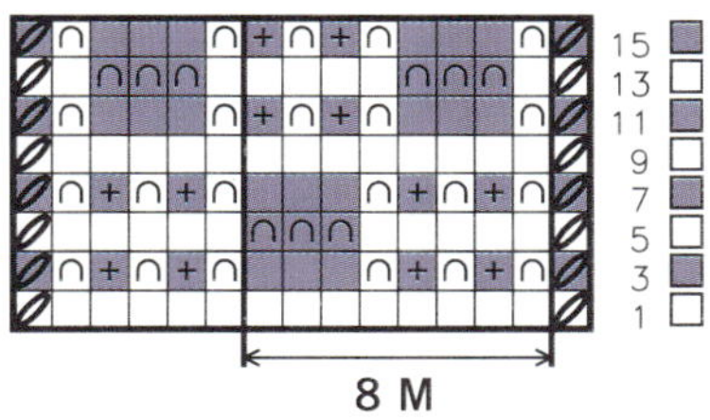

Maschenzahl teilbar durch 8 + 5 Maschen + 2 Randmaschen

In Hinreihen nach Strickschrift stricken, dabei nach der Randmasche den Rapport von 8 Maschen stets wiederholen und wie gezeichnet enden. In Rückreihen die Maschen stricken, wie sie erscheinen bzw. wie in der Zeichenerklärung erklärt, die abgehobenen Maschen der Hinreihen abheben, dabei liegt der Faden vor der Masche.
Die 1.–16. Reihe stets wiederholen.

Die Kästchen neben der Reihenangabe geben an, mit welcher Farbe diese beiden Reihen gestrickt werden.

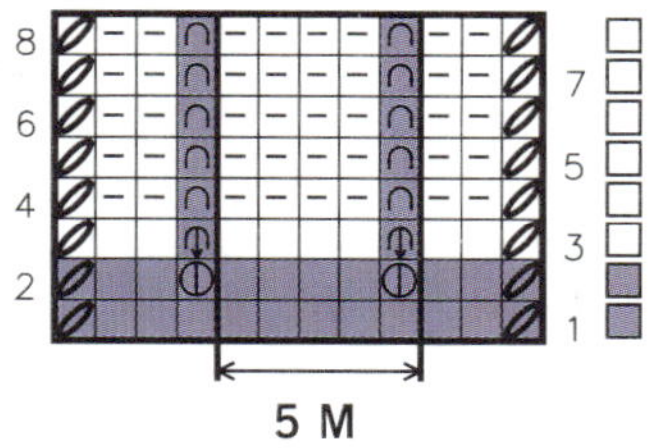

Maschenzahl teilbar durch 5 + 2 Randmaschen

In Hin- und Rückreihen nach Strickschrift stricken, dabei wie gezeichnet beginnen, den Rapport von 5 Maschen stets wiederholen und wie gezeichnet enden. In Rückreihen liegt der Faden bei den abgehobenen Maschen vor der Masche. Die 1.–8. Reihe stets wiederholen.

Die Kästchen neben der Reihenangabe geben an, mit welcher Farbe die Reihen gestrickt werden.

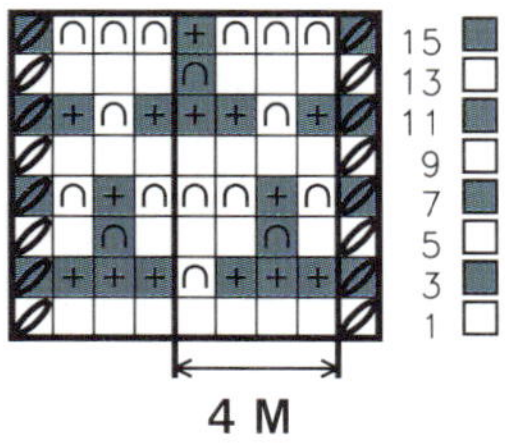

Maschenzahl teilbar durch 4 + 3 Maschen + 2 Randmaschen

In Hinreihen nach Strickschrift stricken, dabei nach der Randmasche den Rapport von 4 Maschen stets wiederholen und wie gezeichnet enden. In Rückreihen die Maschen stricken, wie sie erscheinen bzw. wie in der Zeichenerklärung erklärt, die abgehobenen Maschen der Hinreihen links abheben, dabei liegt der Faden vor der Masche. Die 1.–16. Reihe stets wiederholen.

Die Kästchen neben der Reihenangabe geben an, mit welcher Farbe die beiden Reihen gestrickt werden.

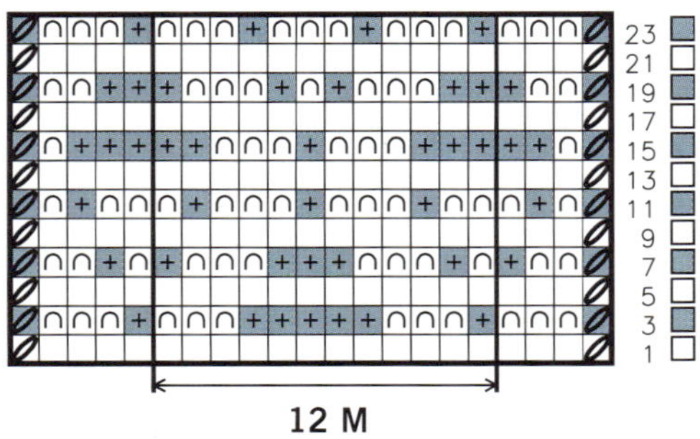

Maschenzahl teilbar durch 12 + 7 Maschen + 2 Randmaschen

In Hinreihen nach Strickschrift stricken, dabei wie gezeichnet beginnen, den Rapport von 12 Maschen stets wiederholen und wie gezeichnet enden. In Rückreihen die Maschen stricken, wie sie erscheinen bzw. wie in der Zeichenerklärung erklärt, die abgehobenen Maschen der Hinreihen abheben, dabei liegt der Faden vor der Masche. Die 1.–24. Reihe stets wiederholen.

Die Kästchen neben der Reihenangabe geben an, mit welcher Farbe diese beiden Reihen gestrickt werden.

Muster mit abgehobenen Maschen

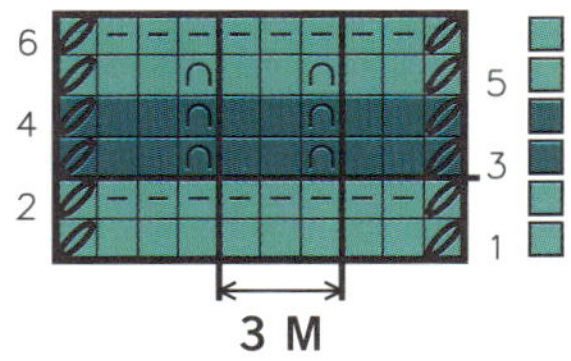

Maschenzahl teilbar durch 3 + 2 Maschen + 2 Randmaschen

In Hin- und Rückreihen nach Strickschrift stricken, dabei wie gezeichnet beginnen, den Rapport von 3 Maschen stets wiederholen und wie gezeichnet enden. Bei den abgehobenen Maschen liegt der Faden in Hinreihen hinter, in Rückreihen vor der Masche. Nach der 1. und 2. Reihe die 3.–6. Reihe stets wiederholen.

Die Kästchen neben der Reihenangabe geben an, mit welcher Farbe die Reihen gestrickt werden.

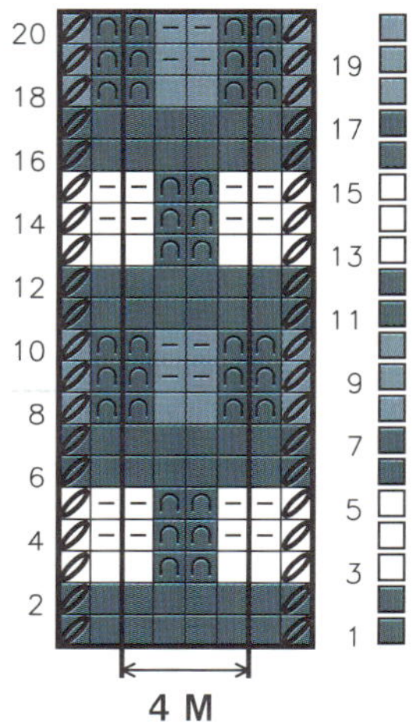

Maschenzahl teilbar durch 4 + 2 Maschen + 2 Randmaschen

In Hin- und Rückreihen nach Strickschrift stricken, dabei wie gezeichnet beginnen, den Rapport von 4 Maschen stets wiederholen und wie gezeichnet enden. Bei den abgehobenen Maschen liegt der Faden in Hinreihen hinter, in Rückreihen vor der Masche.
Die 1.–20. Reihe stets wiederholen.

Die Kästchen neben der Reihenangabe geben an, mit welcher Farbe die Reihen gestrickt werden.

Hinweis: Dieses Muster mit einer Rundstricknadel arbeiten, dann können die Maschen an das Nadelende mit dem benötigten Faden geschoben werden.

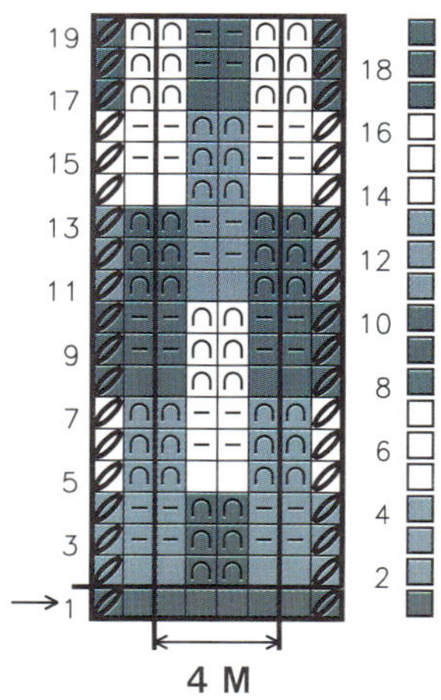

Maschenzahl teilbar durch 4 + 2 Maschen + 2 Randmaschen

Das Muster beginnt mit einer Rückreihe!
In Hin- und Rückreihen nach Strickschrift stricken, dabei wie gezeichnet beginnen, den Rapport von 4 Maschen stets wiederholen und wie gezeichnet enden. Bei den abgehobenen Maschen liegt der Faden in Hinreihen hinter, in Rückreihen vor der Masche.
Nach der 1. Reihe die 2.–19. Reihe stets wiederholen.

Die Kästchen neben der Reihenangabe geben an, mit welcher Farbe die Reihen gestrickt werden.

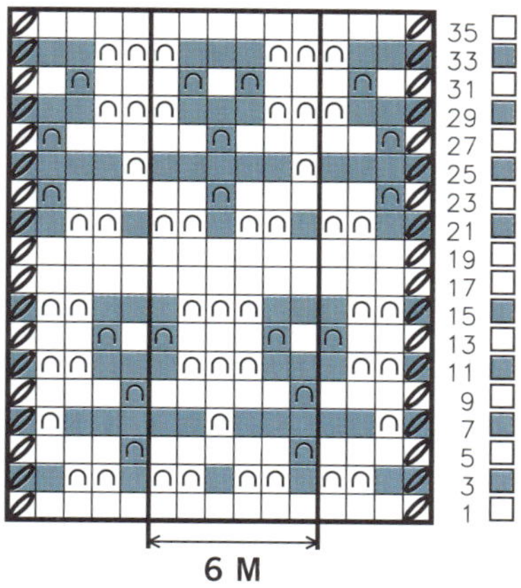

Maschenzahl teilbar durch 6 + 1 Masche + 2 Randmaschen

In Hinreihen nach Strickschrift stricken, dabei wie gezeichnet beginnen, den Rapport von 6 Maschen stets wiederholen und wie gezeichnet enden. In Rückreihen alle Maschen links stricken, die abgehobenen Maschen der Hinreihen links abheben, dabei liegt der Faden vor der Masche.
Die 1.–36. Reihe stets wiederholen.

Die Kästchen neben der Reihenangabe geben an, mit welcher Farbe die Reihen gestrickt werden.

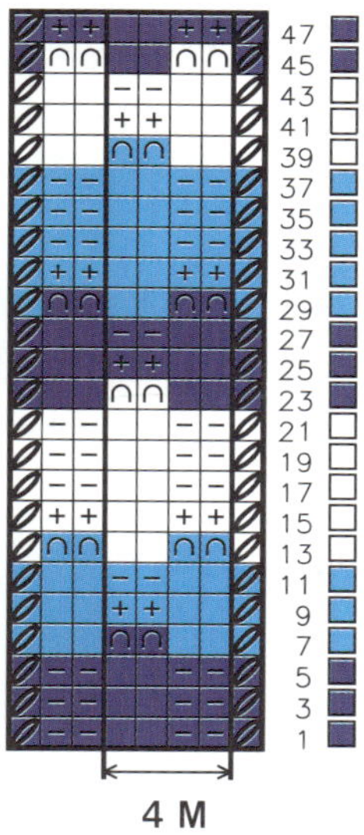

Maschenzahl teilbar durch 4 + 2 Maschen + 2 Randmaschen

In Hinreihen nach Strickschrift stricken, dabei nach der Randmasche den Rapport von 4 Maschen stets wiederholen und wie gezeichnet enden. In Rückreihen die Maschen stricken, wie sie erscheinen bzw. wie in der Zeichenerklärung erklärt, die abgehobenen Maschen der Hinreihen links abheben, dabei liegt der Faden vor der Masche.
Die 1.–48. Reihe stets wiederholen.

Die Kästchen neben der Reihenangabe geben an, mit welcher Farbe die Reihen gestrickt werden.

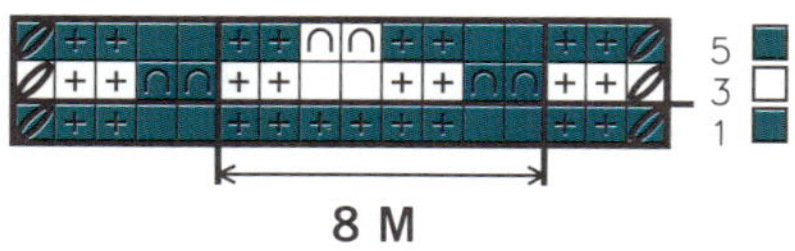

Maschenzahl teilbar durch 8 + 6 Maschen + 2 Randmaschen

In Hinreihen nach Strickschrift stricken, dabei wie gezeichnet beginnen, den Rapport von 8 Maschen stets wiederholen und wie gezeichnet enden. In Rückreihen die Maschen stricken, wie sie erscheinen bzw. wie in der Zeichenerklärung erklärt, die abgehobenen Maschen der Hinreihen links abheben, dabei liegt der Faden vor der Masche.
Nach der 1. und 2. Reihe die 3.–6. Reihe stets wiederholen.

Die Kästchen neben der Reihenangabe geben an, mit welcher Farbe die Reihen gestrickt werden.

Muster mit tiefgestochenen Maschen

Was gewöhnlich als Fehler gilt, hat hier Methode: Statt in die folgende Masche auf der linken Nadel stechen Sie eine oder mehrere Reihen tiefer ein und stricken diese Masche ab. In den darüber liegenden Reihen löst sich die Masche von selbst auf. Wenn Sie diese tiefgestochenen Maschen versetzt anordnen, entsteht eine interessante Wabenstruktur.

Die Technik der tiefgestochenen Maschen umfasst aber noch weit mehr Möglichkeiten. So können Sie beispielsweise eine oder mehrere Maschen abheben, statt sie zu stricken, und den Arbeitsfaden locker auf der Vorderseite mitführen. Nach mehreren auf diese Weise gestrickten Reihen fassen Sie dann die Spannfäden mit einer Schlinge zusammen.

Auch in Ajourmustern lassen sich die tiefgestochenen Maschen effektvoll einsetzen: Holen Sie aus jedem Löchlein eine Schlinge. Dadurch entstandene überzählige Maschen werden durch Zusammenstricken wieder abgenommen.

Wie bei den Mustern mit abgehobenen Maschen (siehe Seite 89) laden auch die folgenden Vorschläge zum Experimentieren mit Farben und Garnen ein, denn sie können einfarbig oder mehrfarbig, mit glatten oder strukturierten Garnen, aber auch mit Bändchen oder einer Kombination aus verschiedenen Materialien gearbeitet werden.

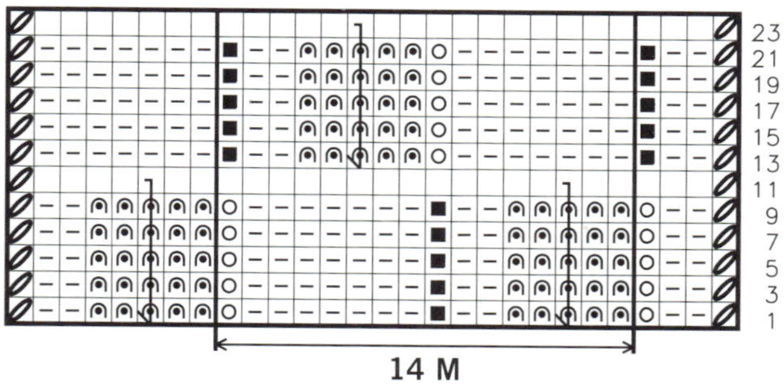

Maschenzahl teilbar durch 14 + 9 Maschen + 2 Randmaschen

In Hinreihen nach Strickschrift stricken, dabei wie gezeichnet beginnen, den Rapport von 14 Maschen stets wiederholen und wie gezeichnet enden. In Rückreihen alle Maschen links stricken und die Umschläge der Hinreihen fallen lassen.
Die 1.–24. Reihe stets wiederholen.

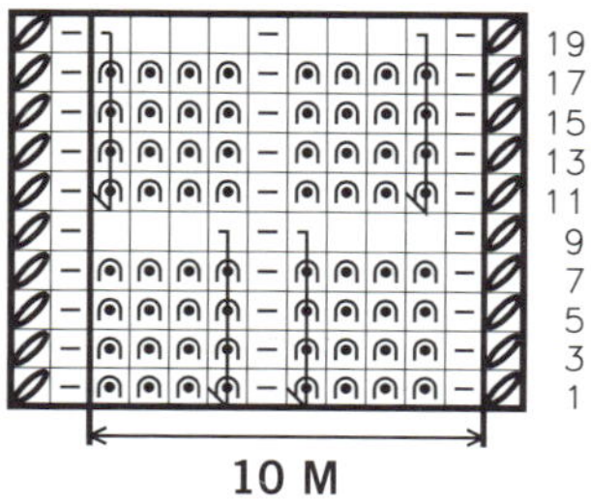

Maschenzahl teilbar durch 10 + 1 Masche + 2 Randmaschen

In Hinreihen nach Strickschrift stricken, dabei nach der Randmasche den Rapport von 10 Maschen stets wiederholen und wie gezeichnet enden. Bei den abgehobenen Maschen den Faden locker vor den Maschen mitführen. In Rückreihen alle Maschen links stricken.
Die 1.–20. Reihe stets wiederholen.

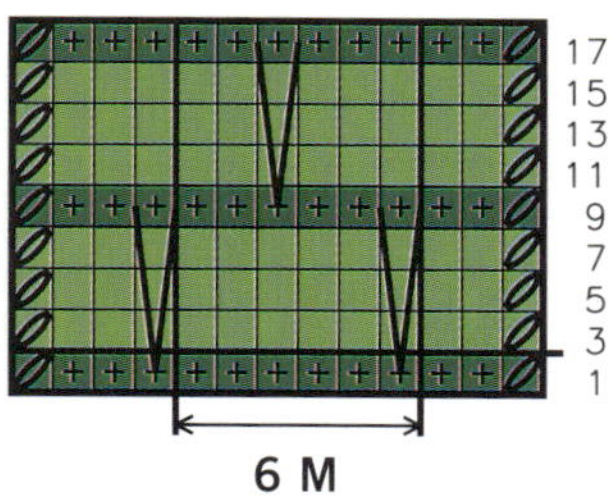

Maschenzahl teilbar durch 6 + 5 Maschen + 2 Randmaschen

In Hinreihen nach Strickschrift stricken, dabei wie gezeichnet beginnen, den Rapport von 6 Maschen stets wiederholen und wie gezeichnet enden. In Rückreihen die Maschen stricken, wie sie erscheinen bzw. wie in der Zeichenerklärung erklärt.
Nach der 1. und 2. Reihe die 3.–18. Reihe stets wiederholen.

 = mit der linken Nadel den oben liegenden Querfaden der linken Masche der darunter liegenden Krausrippe auffassen, dabei von oben nach unten einstechen, dann den Querfaden und die 1. Masche der linken Nadel rechts verschränkt zusammenstricken.

Muster mit tief-gestochenen Maschen

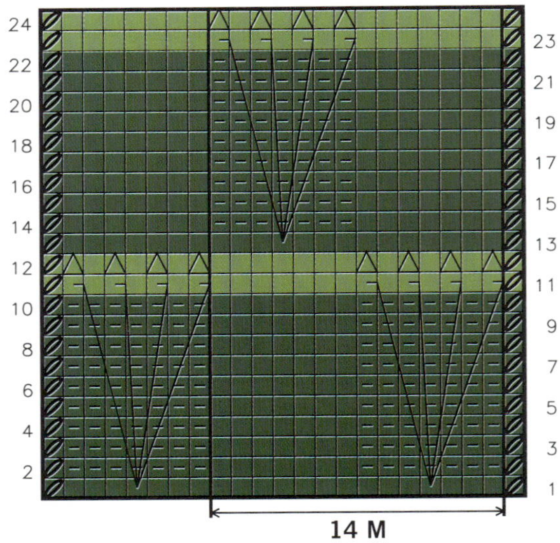

Maschenzahl teilbar durch 14 + 7 Maschen + 2 Randmaschen

In Hin- und Rückreihen nach Strickschrift stricken, dabei in Hinreihen nach der Randmasche den Rapport von 14 Maschen stets wiederholen und wie gezeichnet enden.
Die 1.–24. Reihe stets wiederholen.

= die 1. Masche des glatt linken Karos rechts stricken, mit der rechten Nadel eine Schlinge durch die Masche holen, die durch die untere Spitze des Zeichens gekennzeichnet wird, und lang ziehen, * 2 Maschen rechts stricken, 1 Schlinge wie zuvor holen, ab * 2x wiederholen.

△ = in der folgenden Rückreihe Masche und Schlinge links zusammenstricken.

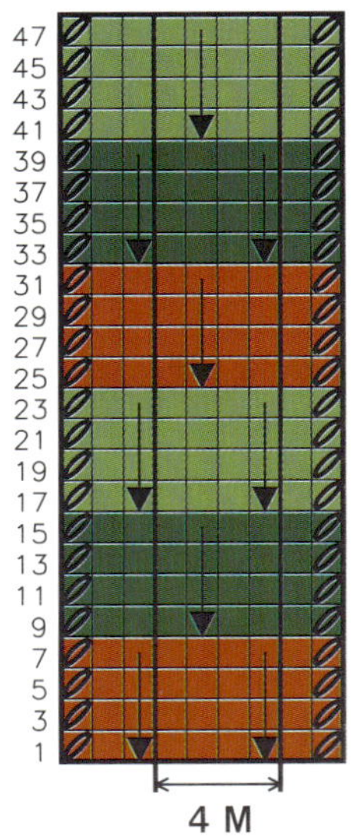

Maschenzahl teilbar durch 4 + 3 Maschen + 2 Randmaschen

Bei diesem Muster ist die 1. Reihe und jede folgende ungerade Reihe eine Rückreihe, also alle Maschen links stricken!
Nach Strickschrift stricken, dabei wie gezeichnet beginnen, den Rapport von 4 Maschen stets wiederholen und wie gezeichnet enden. In Hinreihen alle Maschen rechts bzw. wie gezeichnet stricken.
Die 1.–48. Reihe stets wiederholen.

= in jeder letzten Reihe (= Hinreihe) der Farbstreifen mit der rechten Nadel in die betreffenden Masche der 1. Reihe des Farbstreifens einstechen und 1 Schlinge durchholen, dann die betreffende Masche von der linken Nadel gleiten lassen und auflösen.

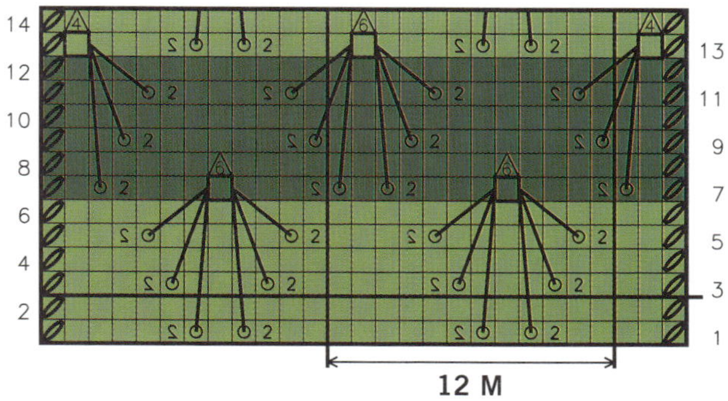

Maschenzahl teilbar durch 12 + 1 Masche + 2 Randmaschen

In Hin- und Rückreihen nach Strickschrift stricken, dabei wie gezeichnet beginnen, den Rapport von 12 Maschen stets wiederholen und wie gezeichnet enden.
Nach der 1. und 2. Reihe die 3.–14. Reihe stets wiederholen.

 = bis vor die umrandete Masche stricken, dann durch das obere rechte Loch 1 Schlinge holen, dabei mit der rechten Nadel von vorn nach hinten einstechen, durch die beiden folgenden Löcher je 1 Schlinge ebenso holen, die umrandete Masche rechts stricken und durch die 3 folgenden Löcher beim unteren Loch beginnend je 1 Schlinge holen.

 = am Reihenbeginn die umrandete Masche stricken, durch die 3 folgenden Löcher beim unteren Loch beginnend je 1 Schlinge holen.

 = am Reihenende bis vor die umrandete Masche stricken, beim oberen Loch beginnend durch jedes Loch 1 Schlinge holen, dann die umrandete Masche stricken.

 in der folgenden Rückreihe die entsprechende Masche mit den 3 bzw. 5 Schlingen links zusammenstricken.

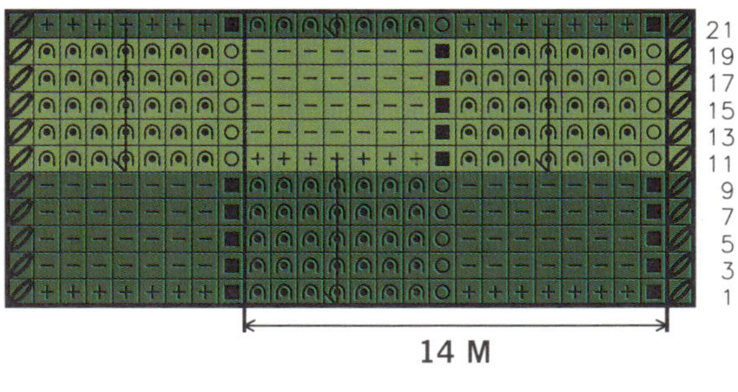

Maschenzahl teilbar durch 14 + 7 Maschen + 2 Randmaschen

In Hinreihen nach Strickschrift stricken, dabei nach der Randmasche den Rapport von 14 Maschen stets wiederholen und wie gezeichnet enden. In Rückreihen die Maschen stricken, wie sie erscheinen bzw. wie in der Zeichenerklärung erklärt, die abgehobenen Maschen der Hinreihen links stricken und die Umschläge fallen lassen.
Nach der 1. und 2. Reihe die 3.–22. Reihe stets wiederholen.

Muster mit tief-gestochenen Maschen

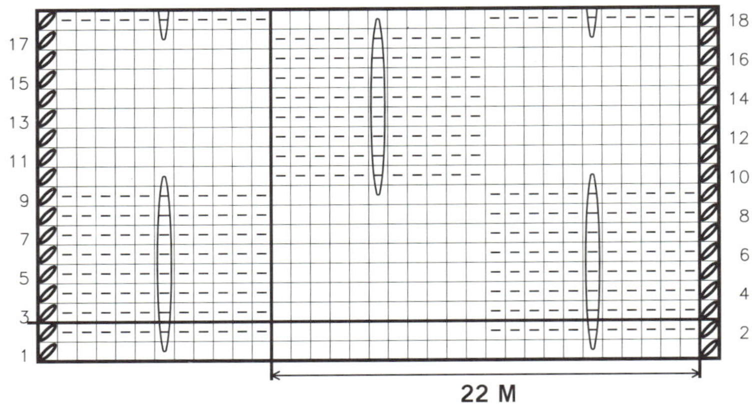

Maschenzahl teilbar durch 22 + 11 Maschen + 2 Randmaschen

Das Muster beginnt mit 1 Rückreihe!
In Hin- und Rückreihen nach Strickschrift stricken, dabei in der 1. Reihe wie gezeichnet beginnen, den Rapport von 22 Maschen stets wiederholen, Randmasche.
Nach der 1. und 2. Reihe die 3.–18. Reihe stets wiederholen.

 = bis vor die mittlere Masche des glatt linken Karos stricken. Mit der rechten Nadel durch die mittlere Masche der letzten Reihe des glatt rechten Karos darunter 1 Schlinge holen, auf die linke Nadel heben und die Schlinge mit der folgenden Masche rechts verschränkt zusammenstricken.

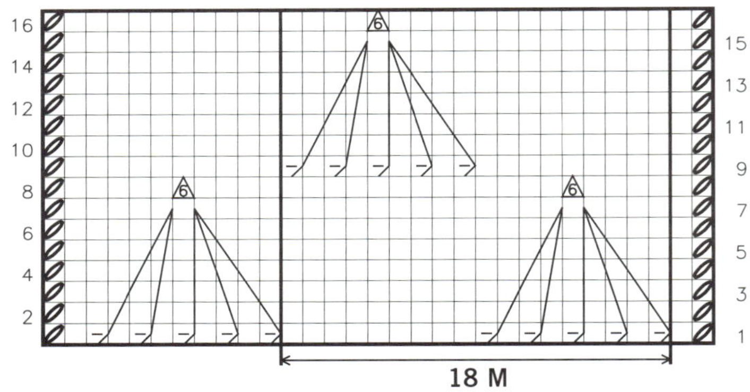

Maschenzahl teilbar durch 18 + 11 Maschen + 2 Randmaschen

In Hin- und Rückreihen nach Strickschrift stricken, dabei wie gezeichnet beginnen, den Rapport von 18 Maschen stets wiederholen und wie gezeichnet enden.
Die 1.–16. Reihe stets wiederholen.

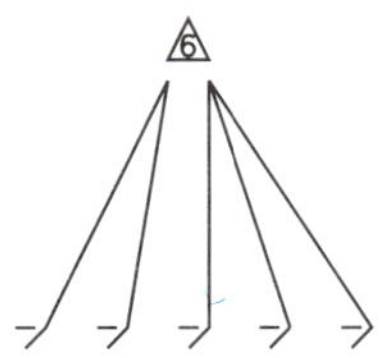

= bis vor die entsprechende Masche stricken, dann mit der rechten Nadel von vorn nach hinten unter der 1. linken Masche durchstechen und 1 Schlinge holen, diese entsprechend lang ziehen, unter den beiden folgenden linken Maschen hindurch ebenfalls je 1 Schlinge holen, die Masche rechts stricken, unter den beiden restlichen linken Maschen hindurch je 1 Schlinge holen. In der folgenden Rückreihe die 5 Schlingen und die Masche links zusammenstricken.

Muster aus dem alpenländischen Raum

Schier unerschöpflich ist die Vielfalt an traditionellen Strickmustern aus dem Alpenraum. Jede Strickerin setzte ihren Ehrgeiz darein, Trachtenstrümpfe, Jacken und Westen besonders kunstvoll zu verzieren. So entstanden oft aufwendige Muster, wobei in der Stadt zunächst eher Lochmuster, „Lückerlmodel“ genannt, dominierten, während auf dem Land komplizierte Flechtmuster aus verkreuzten Maschen, die so genannten „Zugmaschenmodel“, gestrickt wurden. Musterbänder dienten – ähnlich wie in der Stickerei die Mustertücher – als Erinnerungsstütze und zeugten von der Fingerfertigkeit und den Talenten der Strickerin.

Oft wurden die Muster unter fantasievollen Namen überliefert, beispielsweise „vergessene Liab“, „Fenster mit Drahdi“ (= Dreh-dich, gedrehter Zopf aus zwei Strängen), „Rosenblattl“ oder „Doppelloaterl (= Doppelleiter) mit Lückerlstreifen“, um nur einige zu nennen.

Ich stelle Ihnen hier Zugmaschenmuster vor, die einige Aufmerksamkeit beim Stricken erfordern. Charakteristisch sind die Muster mit rechts verschränkten Maschen, die besonders plastisch auf dem meist glatt links gearbeiteten Hintergrund liegen. In den Rückreihen werden diese Maschen links verschränkt abgestrickt. Da sowohl in den Hin- als auch in den Rückreihen gemustert wird, setzen diese „Model“ einige Erfahrung und Übung im Stricken voraus. Oft reicht aber schon ein einzelner Musterstreifen, um einer Jacke oder einem Pullover im Landhausstil das gewisse Etwas zu verleihen. Einige Vorschläge eignen sich auch hervorragend für Socken und Kniestrümpfe im Country-Look.

Die Strickschriften zu den folgenden Mustern zeigen keine Randmaschen, weil es sich um einzelne Streifen handelt, die beliebig miteinander kombiniert werden können.

Muster aus dem alpenländischen Raum

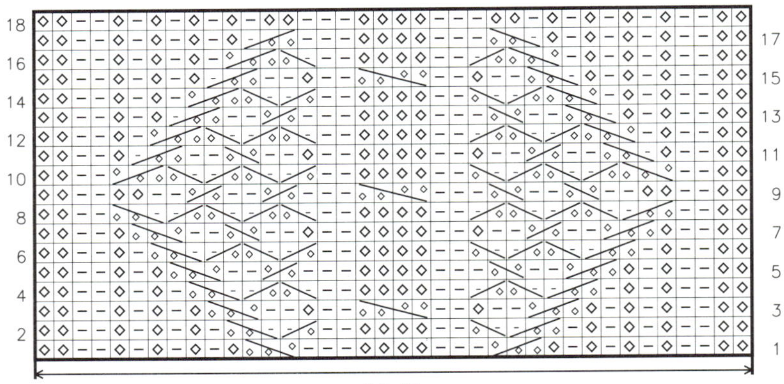

38 M

In Hin- und Rückreihen über 38 Maschen nach Strickschrift stricken. In den Rückreihen die rechts verschränkten Maschen der Hinreihen links verschränkt stricken.
Die 1.–18. Reihe stets wiederholen.

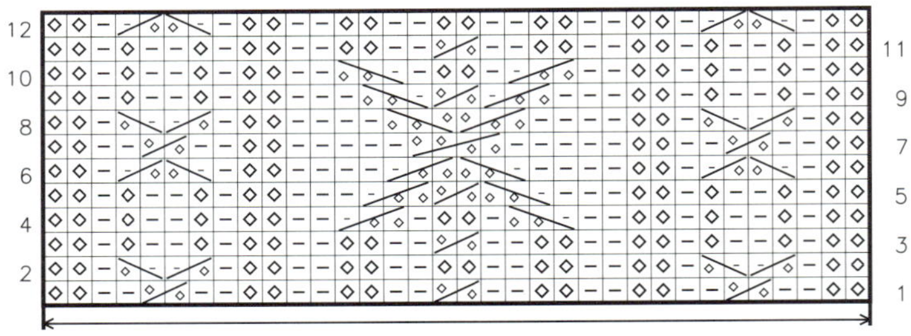

34 M

In Hin- und Rückreihen über 34 Maschen nach Strickschrift stricken. In den Rückreihen die rechts verschränkten Maschen der Hinreihen links verschränkt stricken.
Die 1.–12. Reihe stets wiederholen.

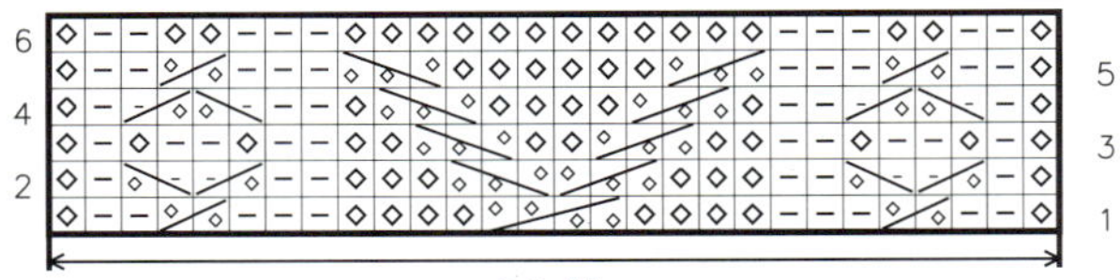

28 M

In Hin- und Rückreihen über 28 Maschen nach Strickschrift stricken. In den Rückreihen die rechts verschränkten Maschen der Hinreihen links verschränkt stricken.
Die 1.–6. Reihe stets wiederholen.

In Hin- und Rückreihen über 54 Maschen nach Strickschrift stricken. In den Rückreihen die rechts verschränkten Maschen der Hinreihen links verschränkt stricken. Die 1.–24. Reihe stets wiederholen.

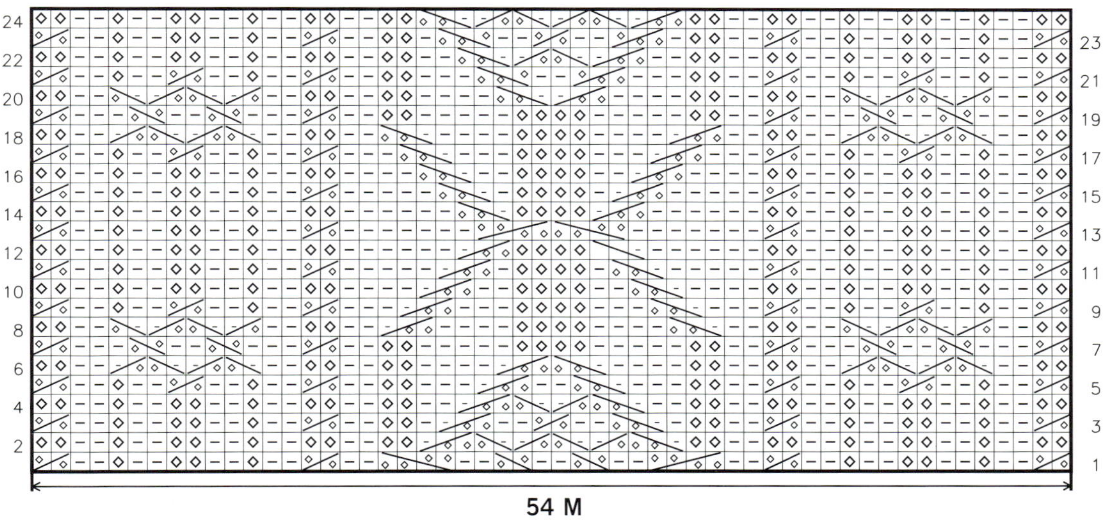

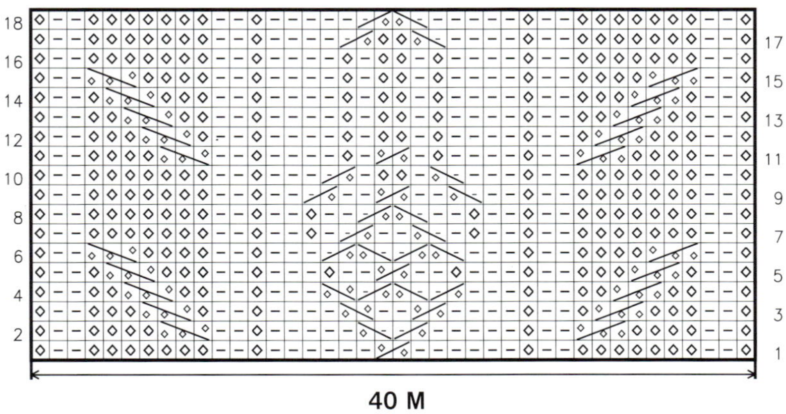

In Hin- und Rückreihen über 40 Maschen nach Strickschrift stricken. In den Rückreihen die rechts verschränkten Maschen der Hinreihen links verschränkt stricken.
Die 1.–18. Reihe stets wiederholen.

Muster aus dem alpenländischen Raum

In Hin- und Rückreihen über 46 Maschen nach Strickschrift stricken. In den Rückreihen die rechts verschränkten Maschen der Hinreihen links verschränkt stricken.
Die 1.–12. Reihe stets wiederholen.

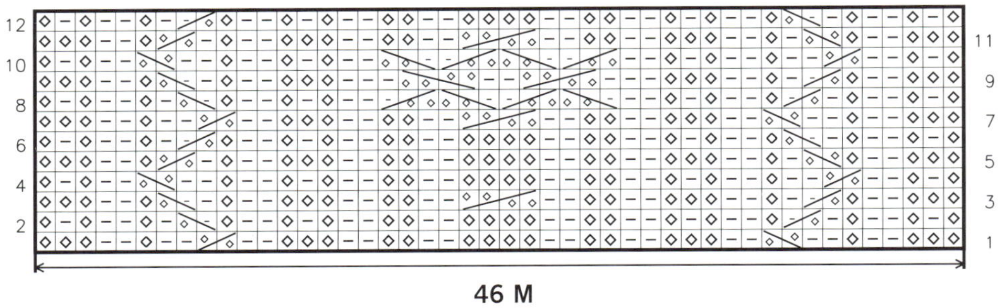

In Hin- und Rückreihen über 46 Maschen nach Strickschrift stricken. In den Rückreihen die rechts verschränkten Maschen der Hinreihen links verschränkt stricken.
Die 1.–8. Reihe stets wiederholen.

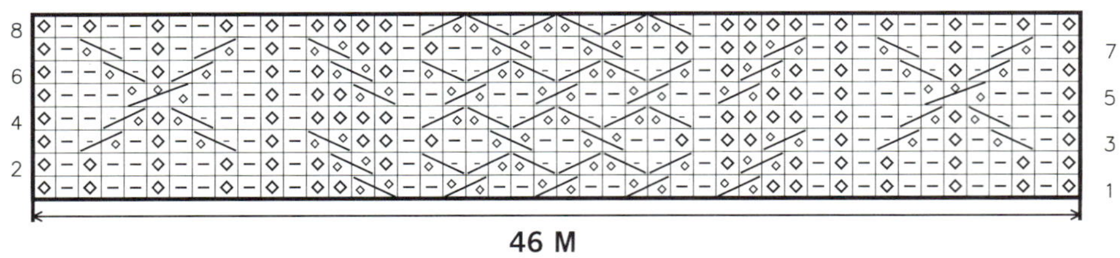

In Hin- und Rückreihen über 46 Maschen nach Strickschrift stricken. In den Rückreihen die rechts verschränkten Maschen der Hinreihen links verschränkt stricken.
Die 1.–20. Reihe stets wiederholen.

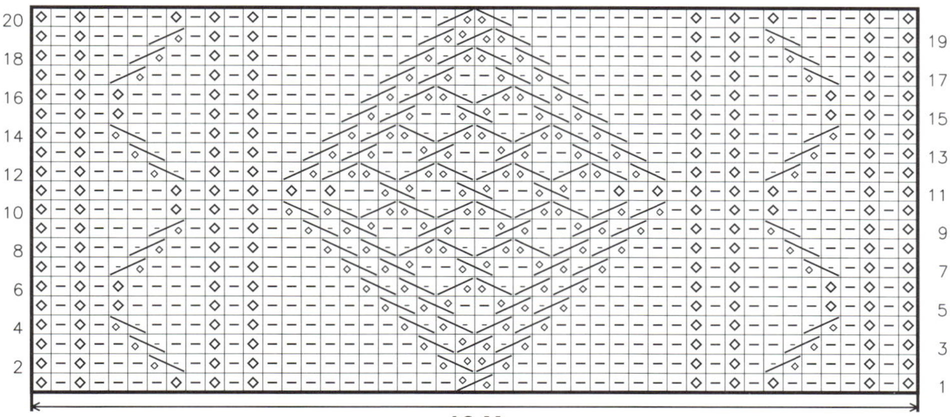

46 M

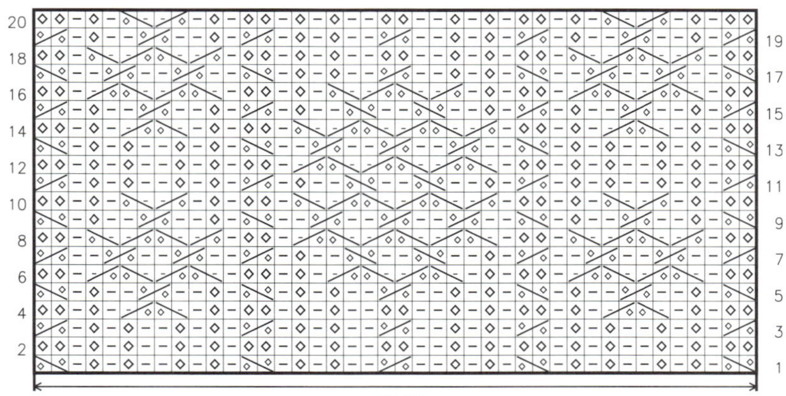

42 M

In Hin- und Rückreihen über 42 Maschen nach Strickschrift stricken. In den Rückreihen die rechts verschränkten Maschen der Hinreihen links verschränkt stricken.
Die 1.–20. Reihe stets wiederholen.

In Hin- und Rückreihen über 48 Maschen nach Strickschrift stricken. In den Rückreihen die rechts verschränkten Maschen der Hinreihen links verschränkt stricken.
Die 1.–24. Reihe stets wiederholen.

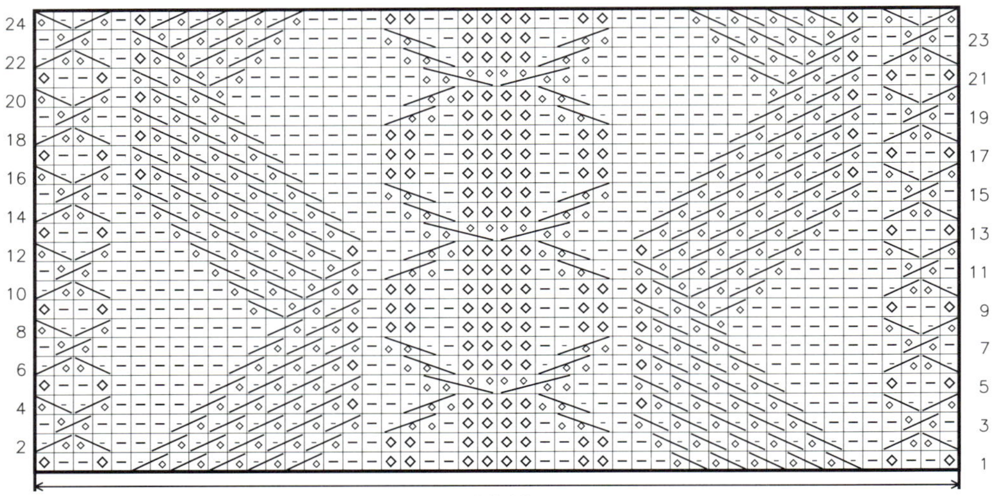

48 M

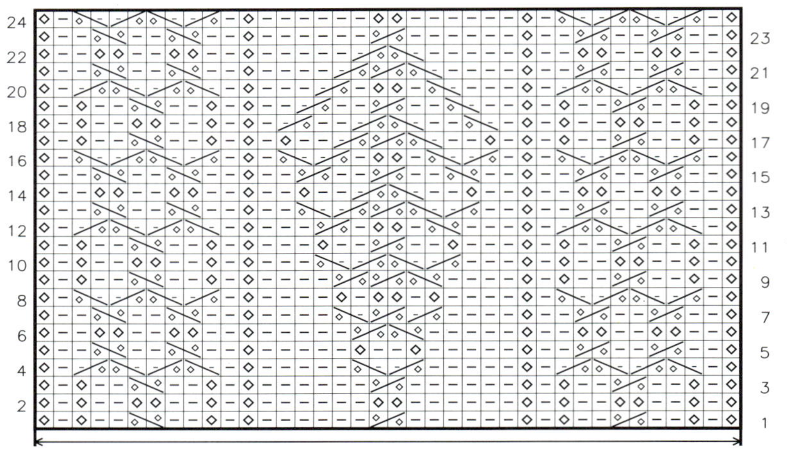

38 M

In Hin- und Rückreihen über 38 Maschen nach Strickschrift stricken. In den Rückreihen die rechts verschränkten Maschen der Hinreihen links verschränkt stricken.
Die 1.–24. Reihe stets wiederholen.

Aranmuster und Muster von englischen Fischerpullovern

Aranmuster – dieser Begriff steht als Synonym für flächige Strickereien aus Zöpfen, Noppen, kunstvollem Flechtwerk und abwechslungsreichen Dekoren aus rechten und linken Maschen. Tatsächlich hat das Stricken auf den irischen Araninseln vor der Galwaybucht im Atlantischen Ozean eine lange und reiche Tradition. Die Bewohner der Inselgruppe leben vorwiegend von Landwirtschaft und Fischfang und brauchen seit jeher warme, strapazierfähige Kleidung für die Arbeit bei Wind und Wetter. Was lag da näher, als die Wolle der eigenen Schafe zu spinnen und Pullover daraus zu stricken!

Versponnen wurde die Wolle von den Frauen, doch für das Stricken waren traditionell die Männer zuständig. Darüber, woher sie die raffinierten Muster für ihre Pullover nahmen, lässt sich nur spekulieren. Man nimmt an, dass die Ornamente auf die keltische Kunst zurückgehen. Offenbar schufen die Stricker mit den gestrickten Mustern Bezüge zu ihrer Arbeits- und Umwelt. So spiegeln beispielsweise gedrehte und geflochtene Bänder das Tauwerk wider, mit dem die Inselbewohner auf See täglich zu tun hatten, und Rautenmuster aus verkreuzten Maschen werden als „Trellis" bezeichnet – ebenso wie die charakteristischen Steinwälle, mit denen die Felder zum Schutz vor den rauen Seewinden umgeben sind.

Ähnlich traditionsreich wie die Aranmuster sind auch die Muster der Fischer an der Ostküste Englands. Auf Guernsey und anderen Kanalinseln werden die Pullover weniger aufwendig, aber dennoch sehr reizvoll gemustert. Glatt links gestrickte Rauten über- oder nebeneinander, Zickzacklinien, senkrechte Perlmusterstreifen, kleine Karomuster und einfache Zöpfe herrschen vor, wobei meist in Marineblau oder in Grau gestrickt wird. Wie auf den Araninseln wurden auch auf den Kanalinseln bestimmte Musterkombinationen innerhalb einer Familie von Generation zu Generation überliefert.

Beidseitig des 24 Maschen breiten Mittelmusters das Seitenmuster arbeiten. Nach der Randmasche wie gezeichnet beginnen, den Rapport von 28 Maschen stets wiederholen, die 6 Maschen bis zum Mittelmuster und das Mittelmuster stricken. Nach dem Mittelmuster den Rapport von 28 Maschen des Seitenmusters stets wiederholen. In Rückreihen die Maschen stricken, wie sie erscheinen, die rechts verschränkten Maschen der Hinreihen links verschränkt und die Noppenmaschen links stricken.

Nach der 1. und 2. Reihe die 3.–26. Reihe stets wiederholen, jedoch beim 6 Maschen breiten Zopf die 3.–18. Reihe stets wiederholen.

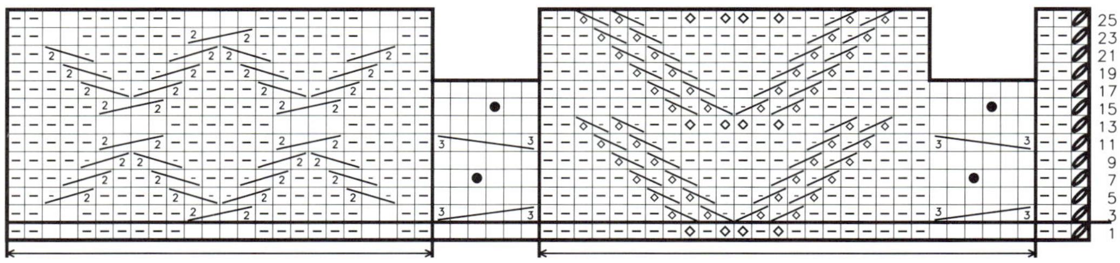

Mittelmuster: 24 M **Seitenmuster: Rapport 28 M**

Beidseitig des 30 Maschen breiten Mittelmusters das Seitenmuster arbeiten. In Hinreihen mit Strickschrift B beginnen und nach der Randmasche den Rapport von 27 Maschen stets wiederholen, die 30 Maschen des Mittelmusters nach Strickschrift A stricken, in gegengleicher Einteilung nach Strickschrift B weiterstricken, d.h. mit Zopf 1 beginnen. In Rückreihen die Maschen stricken, wie sie erscheinen.
Nach der 1. und 2. Reihe die 3.–26. Reihe stets wiederholen.

Strickschrift A

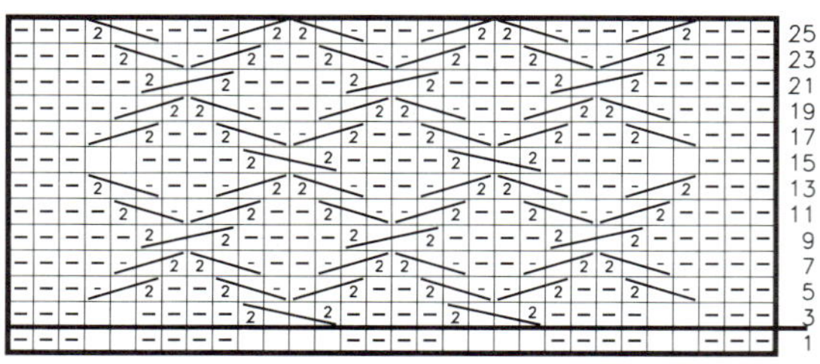

Mittelmuster: 30 M

Strickschrift B

Zopf 1

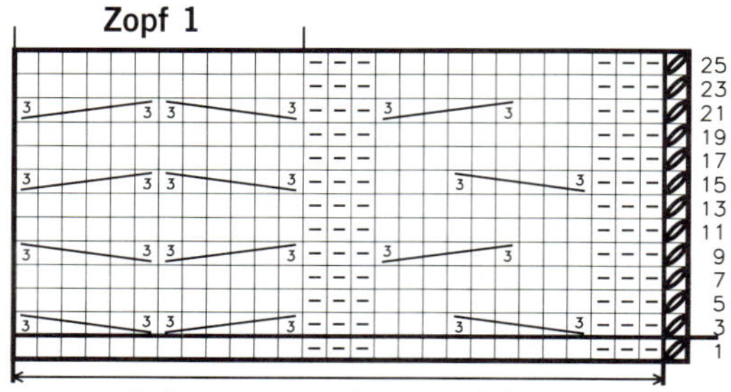

Seitenmuster: Rapport 27 M

Beidseitig des Mittelmusters das Seitenmuster arbeiten.

In Hinreihen nach Strickschrift A nach der Randmasche den Rapport von 18 Maschen des Seitenmusters stets wiederholen, die 22 Maschen des Mittelmusters stricken, weiter nach Strickschrift B die 21 Maschen des Mittelmusters stricken, den Rapport von 18 Maschen des Seitenmusters stets wiederholen, Randmasche.
In Rückreihen die Maschen stricken, wie sie erscheinen, die rechts verschränkten Maschen der Hinreihen links verschränkt stricken.
Nach der 1. und 2. Reihe die 3.–38. Reihe stets wiederholen.

MM = Mittlere Masche

Strickschrift A

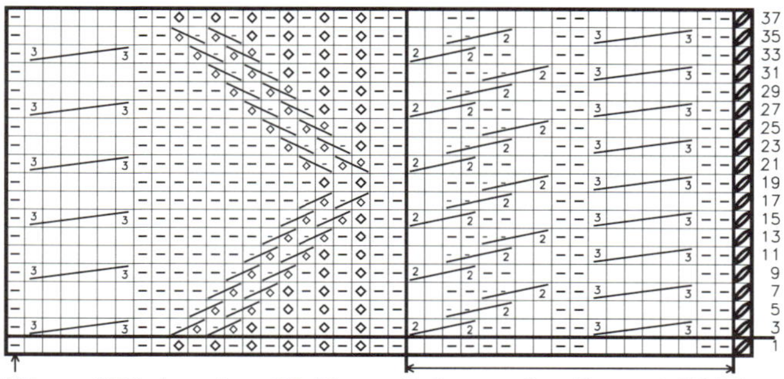

MM Mittelmuster: 22 M Seitenmuster: Rapport 18 M

Strickschrift B

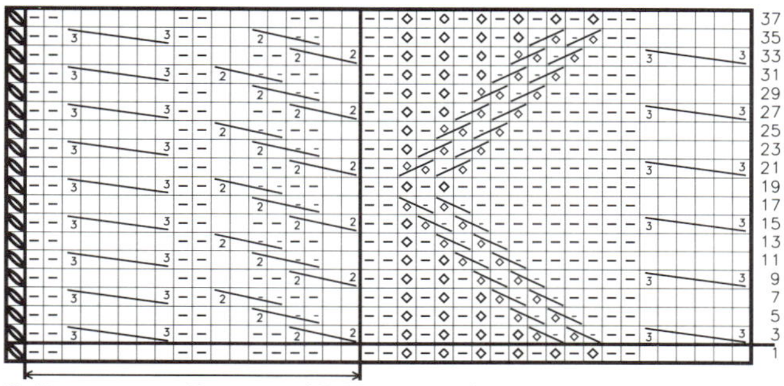

Seitenmuster: Rapport 18 M Mittelmuster: 21 M

Maschenzahl teilbar durch 41 + 16 Maschen + 2 Randmaschen

In Hinreihen nach Strickschrift stricken, dabei wie gezeichnet beginnen, den Rapport von 41 Maschen stets wiederholen und wie gezeichnet enden.
In Rückreihen die Maschen stricken, wie sie erscheinen, die rechts verschränkten Maschen der Hinreihen links verschränkt und die Noppenmaschen dem Muster angepasst rechts bzw. in den glatt rechten Streifen links stricken.
Die 1.–24. Reihe stets wiederholen

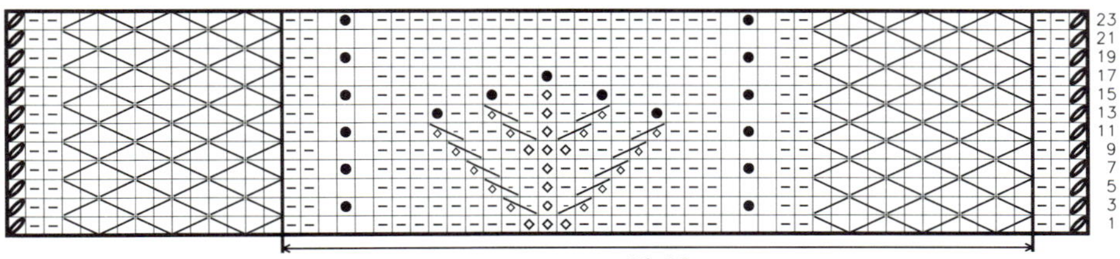

41 M

Beidseitig des Mittelmusters das Seitenmuster arbeiten.
In Hinreihen vor dem Mittelmuster nach der Randmasche das Seitenmuster nach Strickschrift B wie gezeichnet beginnen, den Rapport von 4 Maschen stets wiederholen und mit 1 Masche glatt links enden. Danach das Mittelmuster über 65 Maschen nach Strickschrift A und wieder das Seitenmuster nach Strickschrift B stricken. In Rückreihen die Maschen stricken, wie sie erscheinen.

Strickschrift A: Nach der 1. und 2. Reihe die 3.–20. Reihe stets wiederholen.

Strickschrift B: Nach der 1. und 2. Reihe die 3.–6. Reihe stets wiederholen.

Strickschrift A für das Mittelmuster

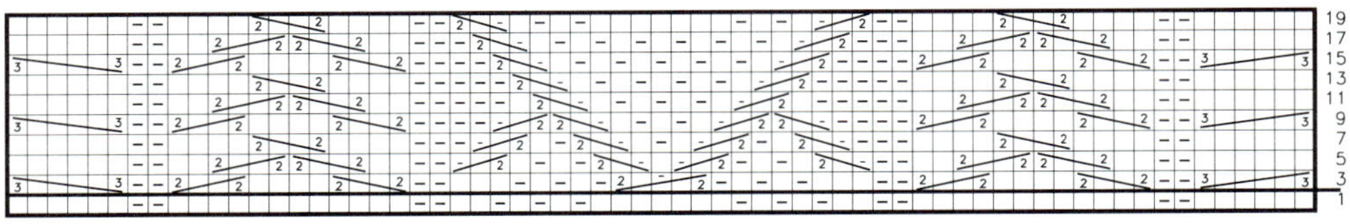

65 M

Strickschrift B für das Seitenmuster

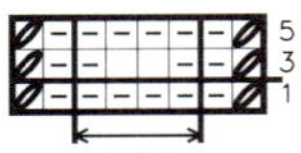

4 M

Maschenzahl teilbar durch 44 + 10 Maschen + 2 Randmaschen

In Hinreihen nach Strickschrift stricken, dabei wie gezeichnet beginnen, den Rapport von 44 Maschen stets wiederholen und wie gezeichnet enden. In Rückreihen die Maschen stricken, wie sie erscheinen.
Die 1.–36. Reihe stets wiederholen.

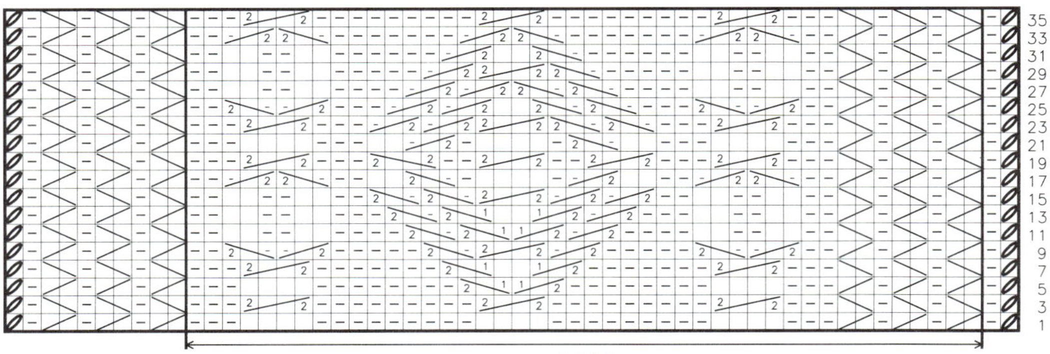

44 M

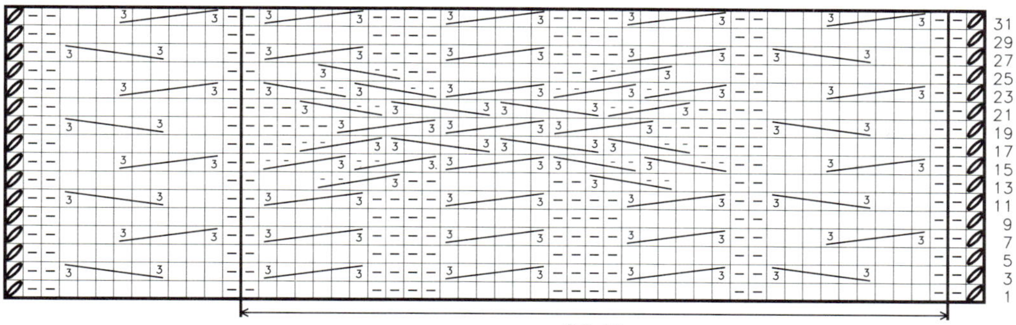

39 M

Maschenzahl teilbar durch 39 + 13 Maschen + 2 Randmaschen

In Hinreihen nach Strickschrift stricken, dabei wie gezeichnet beginnen, den Rapport über 39 Maschen stets wiederholen und wie gezeichnet enden. In Rückreihen die Maschen stricken, wie sie erscheinen.
Die 1.–32. Reihe stets wiederholen.

Maschenzahl teilbar durch 52 + 2 Randmaschen

In Hinreihen nach Strickschrift stricken, dabei nach der Randmasche den Rapport von 52 Maschen stets wiederholen, Randmasche. In Rückreihen die Maschen stricken, wie sie erscheinen.
Die 1.–36. Reihe stets wiederholen.

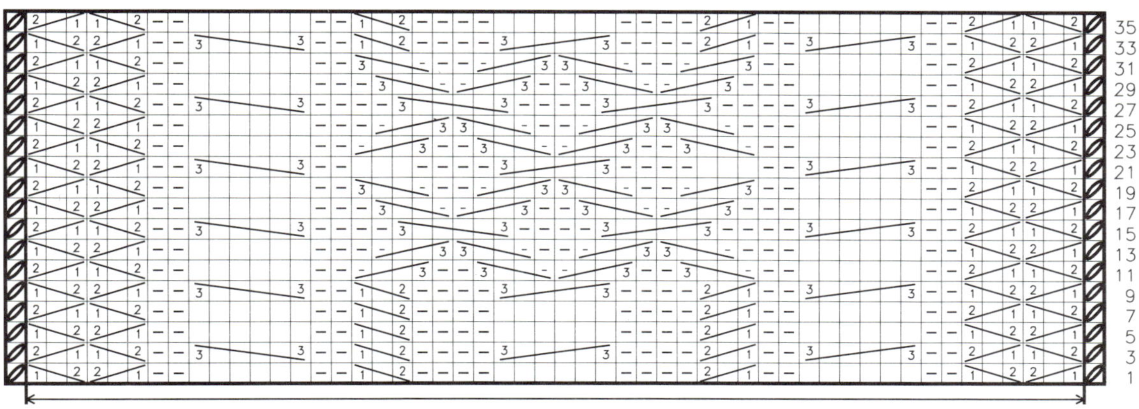

52 M

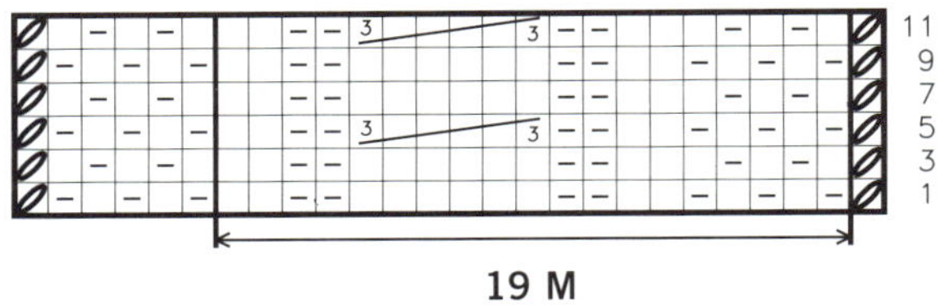

Maschenzahl teilbar durch 19 + 5 Maschen + 2 Randmaschen

In Hinreihen nach Strickschrift stricken, dabei nach der Randmasche den Rapport von 19 Maschen stets wiederholen und wie gezeichnet enden. In Rückreihen die Maschen stricken, wie sie erscheinen.
Die 1.–12. Reihe stets wiederholen.

Maschenzahl teilbar durch 35 + 9 Maschen + 2 Randmaschen

In Hin- und Rückreihen nach Strickschrift stricken, dabei wie gezeichnet beginnen, den Rapport von 35 Maschen stets wiederholen und wie gezeichnet enden.
Die 1.–12. Reihe stets wiederholen.

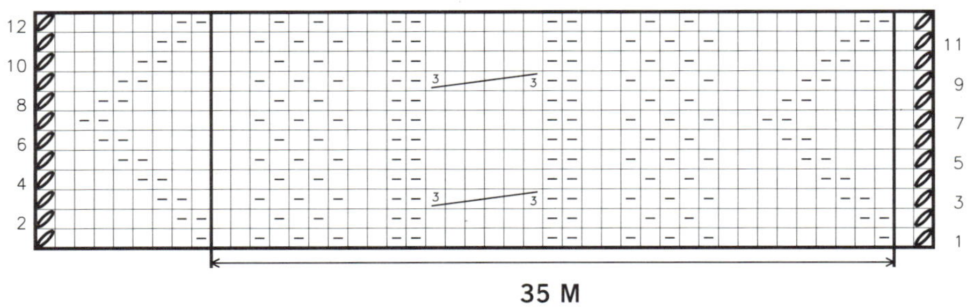

Maschenzahl teilbar durch 46 + 7 Maschen + 2 Randmaschen

In Hin- und Rückreihen nach Strickschrift stricken, dabei wie gezeichnet beginnen, den Rapport von 46 Maschen stets wiederholen und wie gezeichnet enden.
Die 1.–12. Reihe stets wiederholen.

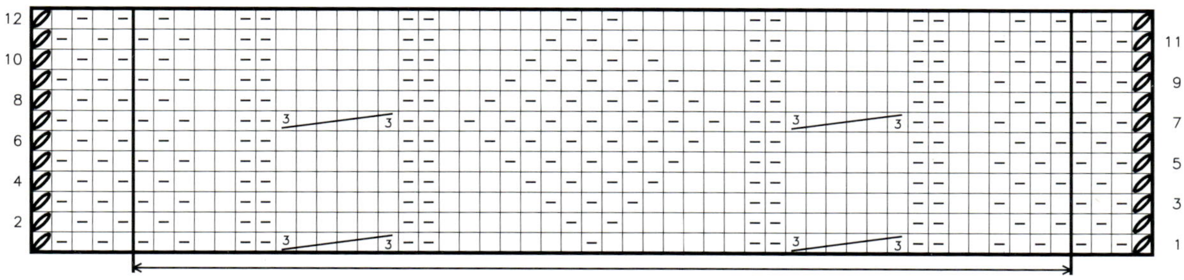

Maschenzahl teilbar durch 41 + 6 Maschen + 2 Randmaschen

In Hin- und Rückreihen nach Strickschrift stricken, dabei wie gezeichnet beginnen, den Rapport von 41 Maschen stets wiederholen und wie gezeichnet enden.
Die 1.–8. Reihe stets wiederholen.

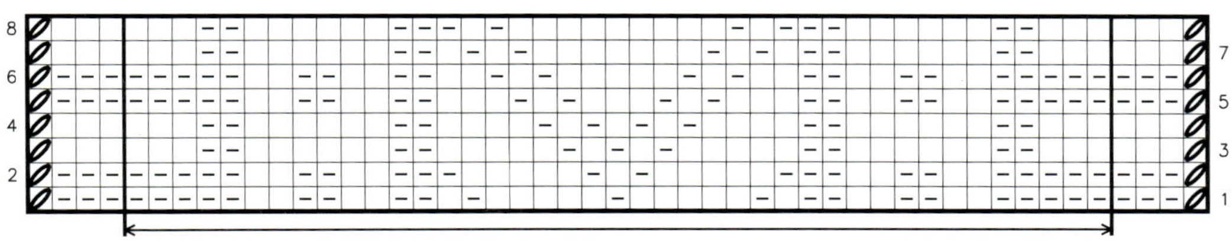

Aranmuster und Muster von englischen Fischerpullovern

Maschenzahl teilbar durch 46 + 7 Maschen + 2 Randmaschen

In Hin- und Rückreihen nach Strickschrift stricken, dabei wie gezeichnet beginnen, den Rapport von 46 Maschen stets wiederholen und wie gezeichnet enden.
Die 1.–32. Reihe stets wiederholen.

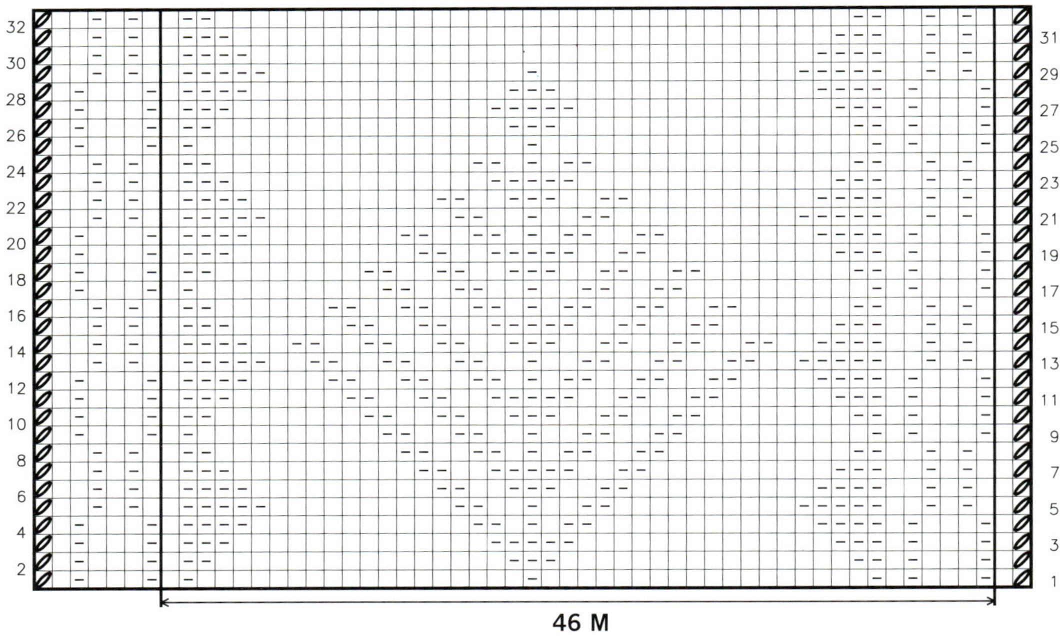

Spitzen und Patchwork

Zarte Spitzen als Regalborten oder als nostalgische Randverzierung an Kleidungsstücken, Taschentüchern und Decken können Sie nicht nur häkeln, sondern auch stricken.

Einige Kleinigkeiten müssen Sie beim Stricken von Spitzen allerdings beachten. So wird nach dem Anschlag jeweils 1 Rückreihe links gestrickt, bevor das eigentliche Muster beginnt. Die meisten Spitzen sind so angelegt, dass Sie in den Rückreihen alle Maschen links stricken können, ohne auf das Muster achten zu müssen. Die Randmaschen werden am Beginn jeder Reihe abgehoben, wobei der Faden vor der Masche liegt. Am Ende jeder Reihe werden die Randmaschen links abgestrickt. Besonders fest müssen die Randmaschen in den verkürzten Reihen der Ecken gestrickt werden, damit keine großen Löcher entstehen.

Bei den breiteren Spitzen ist zusätzlich zur Strickschrift für die gerade Borte jeweils eine Ecklösung mit verkürzten Reihen angegeben, die notwendig ist, wenn Sie eine quadratische Decke mit der Spitze einfassen möchten. Bei schmalen Spitzen reicht es, die Ecke sauber zu legen und den Rand etwas einzukräuseln.

Die **verkürzten Reihen für die Ecken** arbeiten Sie wie folgt: In jeder 2. Reihe stricken Sie wie gezeichnet 1 Masche weniger, also in der 1. Reihe der Ecke bis vor die letzte Masche stricken, die letzte Masche bleibt ungestrickt auf der Nadel. Die Arbeit wenden und zurückstricken, dabei die 1. Masche links abheben (Faden vor der Masche) und den Faden fest anziehen. In folgender Reihe stricken Sie wieder 1 Masche weniger, wenden und stricken ebenso zurück. Es sind jetzt 2 ungestrickte Maschen auf der Nadel. Diese verkürzten Reihen wiederholen Sie sooft, wie in der Strickschrift gezeichnet. Nach Erreichen der Ecke stricken Sie die ungestrickten Maschen wieder dazu: In der 1. Reihe nach der Ecke die Maschen der letzten verkürzten Reihe und zusätzlich die folgende ungestrickte Masche stricken, die Arbeit wenden und wie zuvor zurückstricken. Diesen Vorgang wiederholen Sie sooft, bis Sie wieder mit allen Maschen stricken.

Strickpatchwork eignet sich vor allem für Decken und Kissenbezüge, aber auch für extravagante Westen und Jacken. Meist werden Quadrate in Runden auf einem Nadelspiel gestrickt. Die so entstandenen Einzelteile werden später mit Maschenstichen zusammengenäht oder -gehäkelt. Die Vorteile der Patchworktechnik werden Sie gerade bei großen Decken bald zu schätzen wissen, denn Sie arbeiten dabei stets nur an einem kleinen Teil, sodass nicht ständig das wachsende Gewicht der ganzen Decke an den Nadeln hängt.

Gerade für Patchworkdecken können Sie große Mengen an Garnresten aufbrauchen. Um zu verhindern, dass die Decke allzu bunt gerät, kaufen Sie am besten ein paar Knäuel Garn in einer neutralen Farbe und verbinden damit die Einzelteile. Sie können auch einzelne Quadrate in diesem neutralen Ton als verbindende Elemente einsetzen oder jedes Quadrat mit einigen Runden fester Maschen in dieser Farbe umhäkeln, bevor Sie die Teile zusammensetzen.

15 Maschen anschlagen und in Hin- und Rückreihen nach Strickschrift 1 stricken. Die 1. Reihe ist eine Rückreihe. In Rückreihen alle Maschen und Umschläge links, aus dem doppelten Umschlag 1 Masche links und 1 Masche rechts, aus dem dreifachen Umschlag 1 Masche links, 1 Masche rechts und 1 Masche links stricken.
Nach der 1. Reihe die 2.–21. Reihe stets wiederholen.

Die Ecken mit verkürzten Reihen nach Strickschrift 2 arbeiten. Sie beginnen mit einer 9. Musterreihe = 1. Reihe der Ecken.
1x die 1.–54. Reihe stricken.

Strickschrift 1

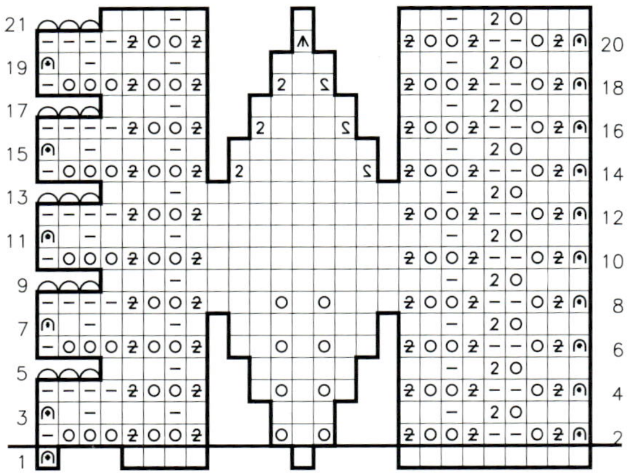

15 M

Strickschrift 2

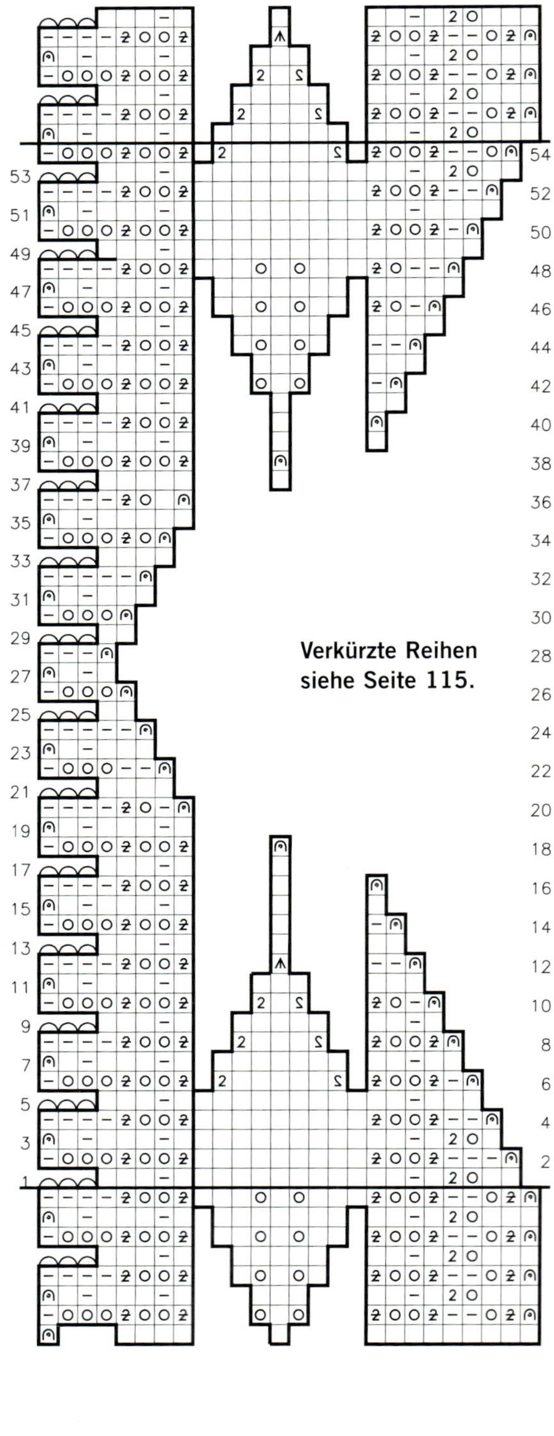

Verkürzte Reihen siehe Seite 115.

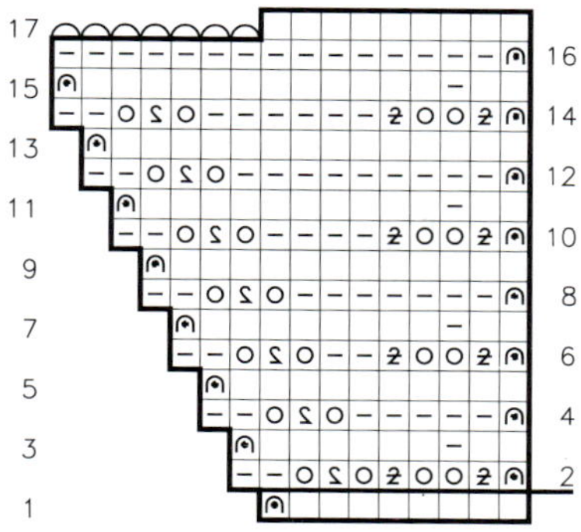

9 M

9 Maschen anschlagen und in Hin- und Rückreihen nach Strickschrift stricken. Die 1. Reihe ist eine Rückreihe. In Rückreihen alle Maschen und Umschläge links, aus dem doppelten Umschlag 1 Masche links und 1 Masche rechts stricken.
Nach der 1. Reihe die 2.–17. Reihe stets wiederholen.

10 Maschen anschlagen und in Hin- und Rückreihen nach Strickschrift stricken. Die 1. Reihe ist eine Rückreihe. In Rückreihen alle Maschen und Umschläge links, aus dem dreifachen Umschlag 1 Masche links, 1 Masche rechts und 1 Masche links stricken.
Nach der 1. Reihe die 2.–5. Reihe stets wiederholen.

Die Ecken mit verkürzten Reihen wie gezeichnet arbeiten. Sie beginnen mit einer 3. Musterreihe = 1. Reihe der Ecken.
1x die 1.–34. Reihe stricken.

Verkürzte Reihen siehe Seite 115.

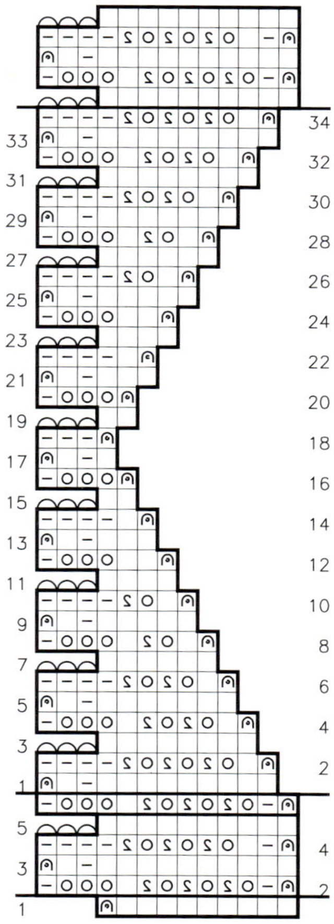

10 M

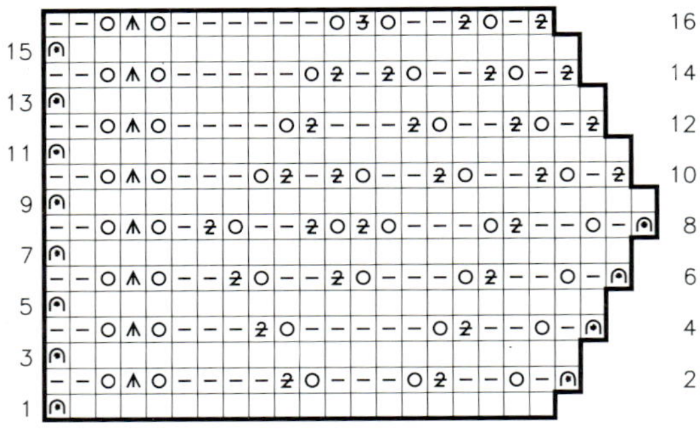

20 M

20 Maschen anschlagen und in Hin- und Rückreihen nach Strickschrift stricken. Die 1. Reihe ist eine Rückreihe. In Rückreihen alle Maschen und Umschläge links stricken. Die 1.–16. Reihe stets wiederholen.

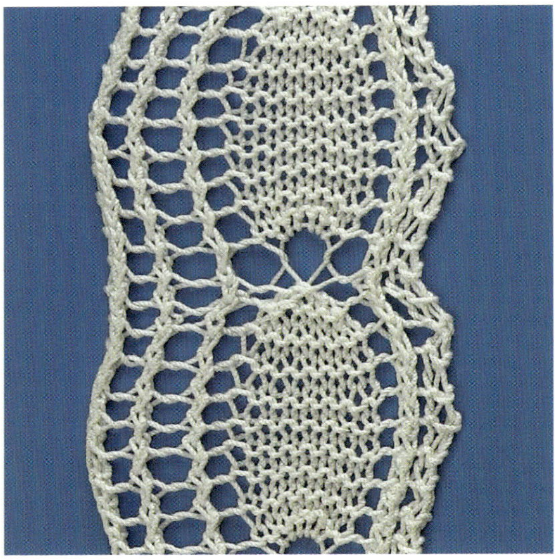

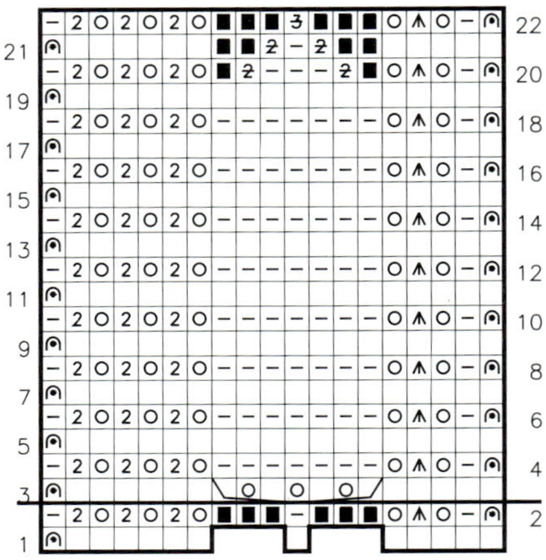

13 M

13 Maschen anschlagen und in Hin- und Rückreihen nach Strickschrift stricken. Die 1. Reihe ist eine Rückreihe. In Rückreihen alle Maschen und Umschläge links stricken. Nach der 1. und 2. Reihe die 3.–22. Reihe stets wiederholen.

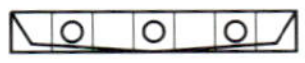 = aus 1 Masche 7 Maschen (1 Masche links, 1 Umschlag im Wechsel) stricken.

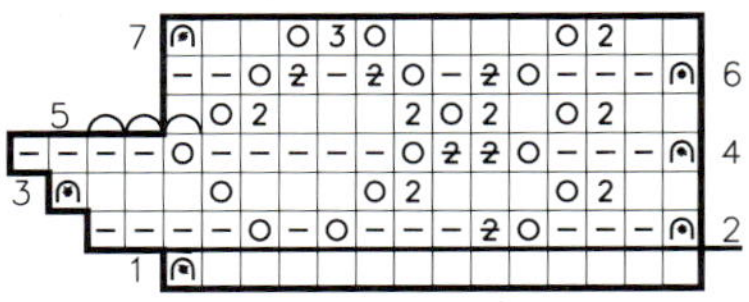

14 M

14 Maschen anschlagen und in Hin- und Rückreihen nach Strickschrift stricken. Die 1. Reihe ist eine Rückreihe. In Rückreihen alle Maschen und Umschläge links stricken bzw. die entsprechenden Maschen links zusammenstricken. Nach der 1. Reihe die 2.–7. Reihe stets wiederholen.

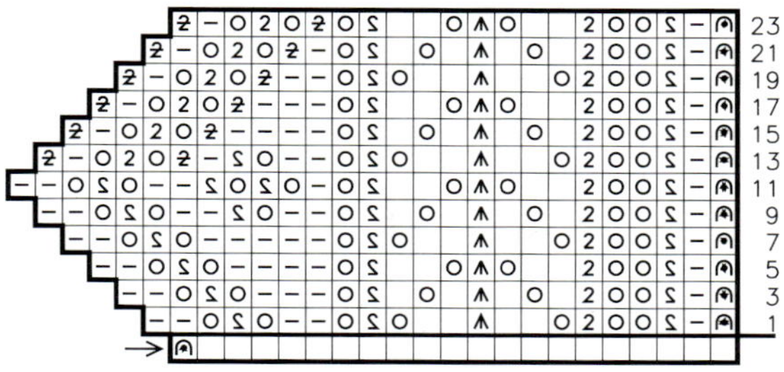

21 M

21 Maschen anschlagen und 1 Rückreihe links stricken. Danach in Hinreihen nach Strickschrift stricken. In Rückreihen alle Maschen und Umschläge links stricken.
Nach der Rückreihe die 1.–24. Reihe stets wiederholen.

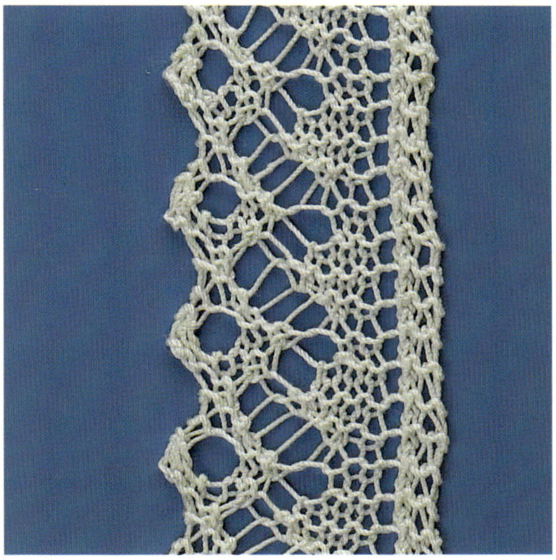

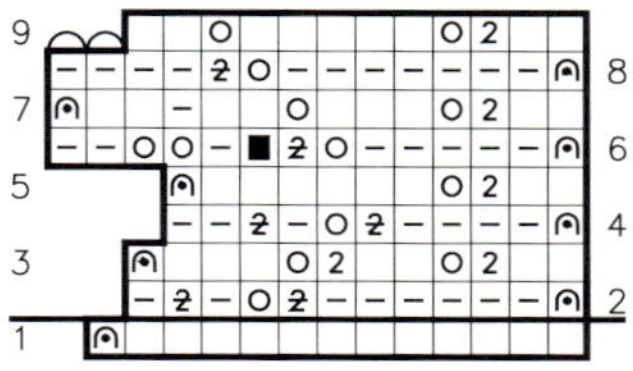

13 M

13 Maschen anschlagen und in Hin- und Rückreihen nach Strickschrift stricken. Die 1. Reihe ist eine Rückreihe. In Rückreihen alle Maschen und Umschläge links stricken bzw. die entsprechenden Maschen links zusammenstricken. In der 7. Reihe wie gezeichnet aus den beiden Umschlägen 1 Masche links und 1 Masche rechts stricken.
Nach der 1. Reihe die 2.–9. Reihe stets wiederholen.

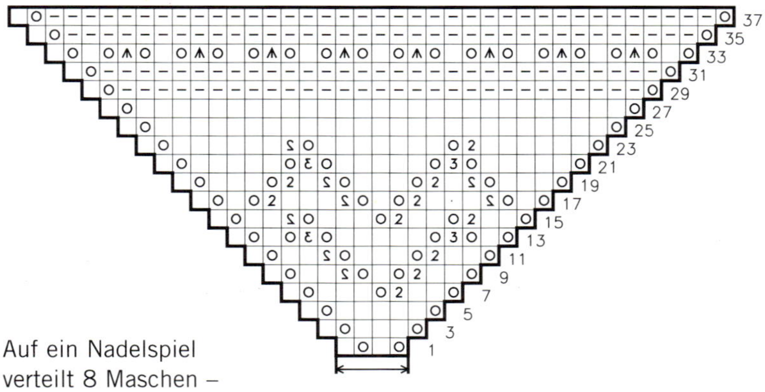

Auf ein Nadelspiel verteilt 8 Maschen – 2 Maschen je Nadel – anschlagen und 1 Runde rechts stricken. Danach in ungeraden Runden nach Strickschrift 4x den Rapport stricken. In geraden Runden alle Maschen und Umschläge rechts stricken.
1x die 1.–38. Runde stricken.

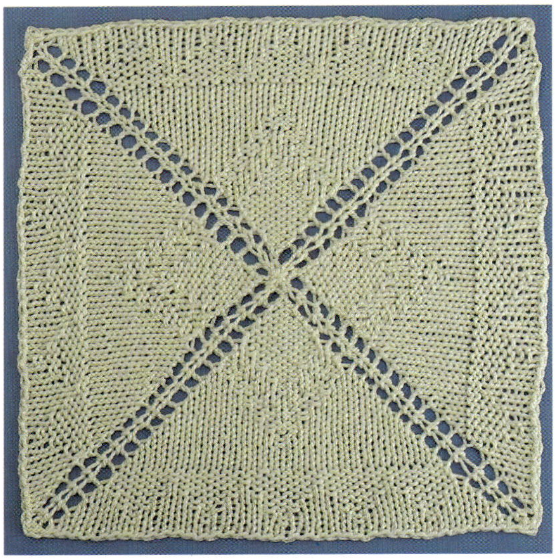

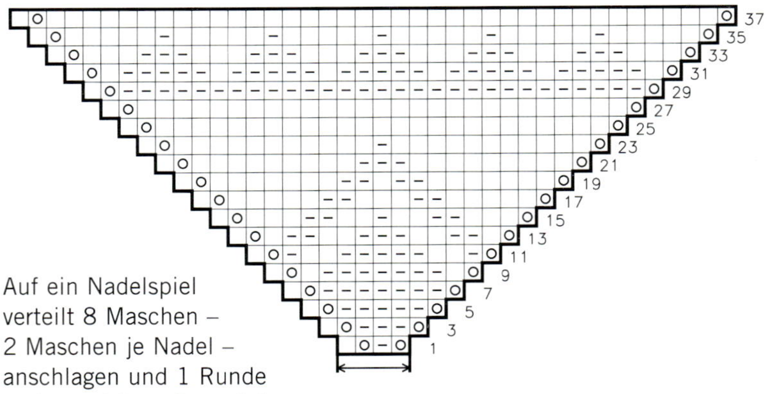

Auf ein Nadelspiel verteilt 8 Maschen – 2 Maschen je Nadel – anschlagen und 1 Runde rechts stricken. Danach in ungeraden Runden nach Strickschrift 4x den Rapport stricken. In geraden Runden die Maschen stricken, wie sie erscheinen, die Umschläge rechts stricken.
1x die 1.–38. Runde stricken.

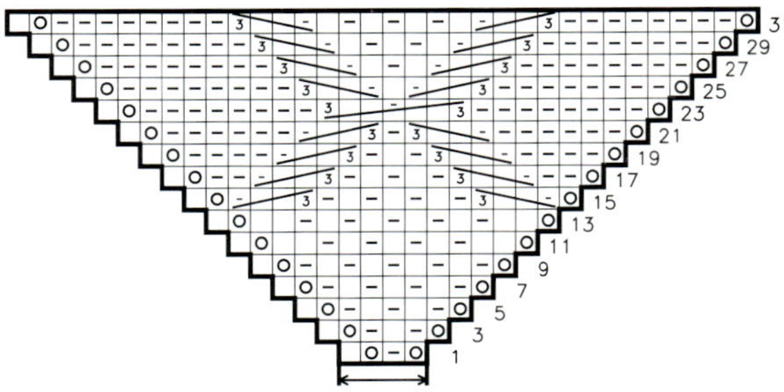

Auf ein Nadelspiel verteilt 8 Maschen – 2 Maschen je Nadel – anschlagen und 1 Runde rechts stricken. Danach in ungeraden Runden nach Strickschrift 4x den Rapport stricken. In geraden Runden die Maschen stricken, wie sie erscheinen, die Umschläge rechts stricken.
1x die 1.–32. Runde stricken.

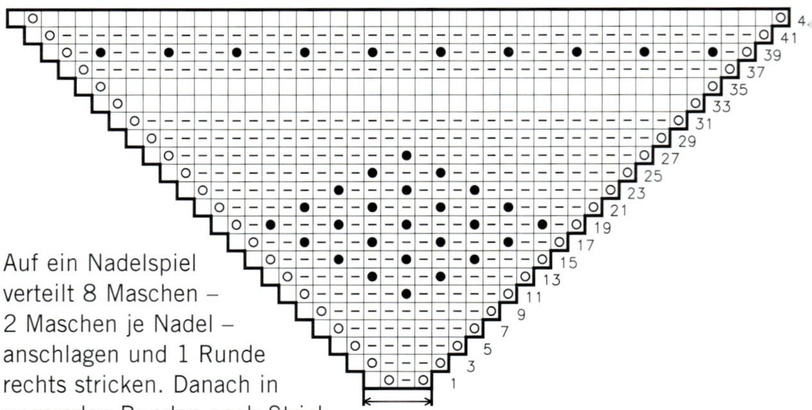

Auf ein Nadelspiel verteilt 8 Maschen – 2 Maschen je Nadel – anschlagen und 1 Runde rechts stricken. Danach in ungeraden Runden nach Strickschrift 4x den Rapport stricken. In geraden Runden die Maschen stricken, wie sie erscheinen, die Umschläge rechts und die Noppenmaschen links stricken.
1x die 1.–44. Runde stricken.

Auf ein Nadelspiel verteilt 8 Maschen – 2 Maschen je Nadel – anschlagen und in ungeraden Runden nach Strickschrift 4x den Rapport stricken. In geraden Runden die Maschen stricken, wie sie erscheinen, die Umschläge rechts stricken.
1x die 1.–36. Runde stricken.

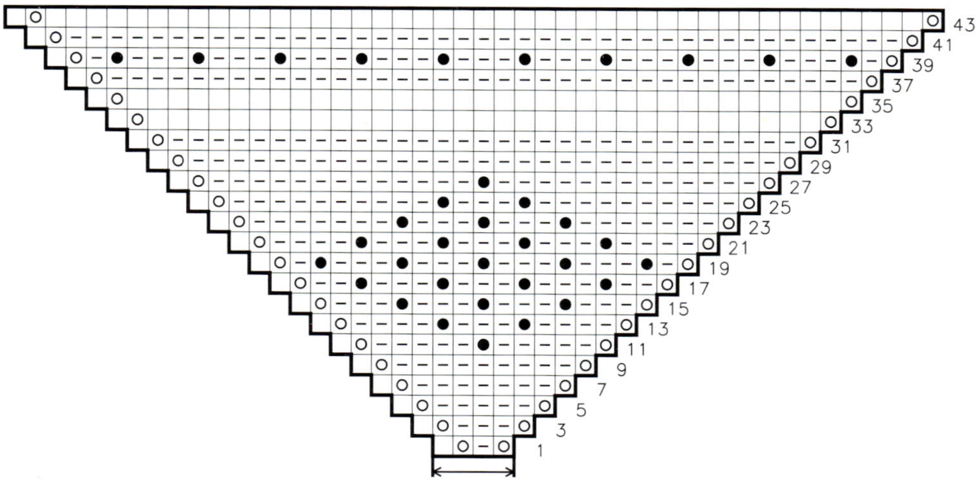

Auf ein Nadelspiel verteilt 8 Maschen – 2 Maschen je Nadel – anschlagen und 1 Runde rechts stricken. Danach in ungeraden Runden nach Strickschrift 4x den Rapport stricken. In geraden Runden die Maschen stricken, wie sie erscheinen, die Umschläge rechts stricken.
1x die 1.–28. Runde stricken.

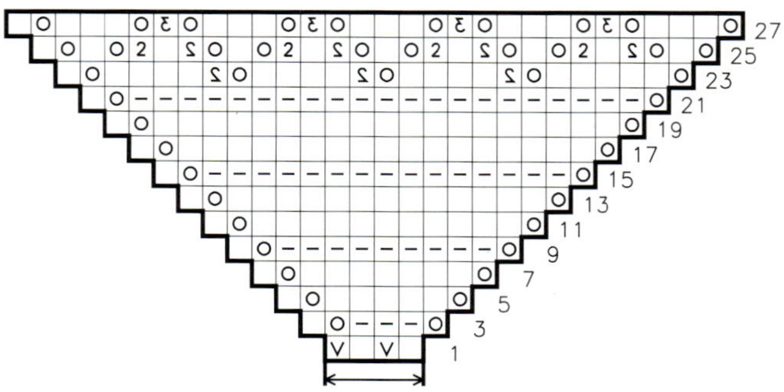

Auf ein Nadelspiel verteilt 12 Maschen – 3 Maschen je Nadel – anschlagen und 1 Runde rechts stricken. Danach in ungeraden Runden nach Strickschrift 4x den Rapport stricken. In geraden Runden die Maschen stricken, wie sie erscheinen, die Umschläge rechts stricken.
1x die 1.–38. Runde stricken.

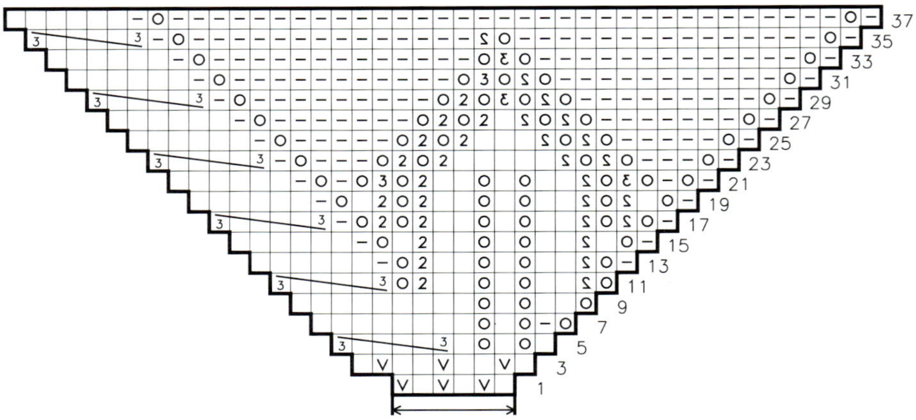

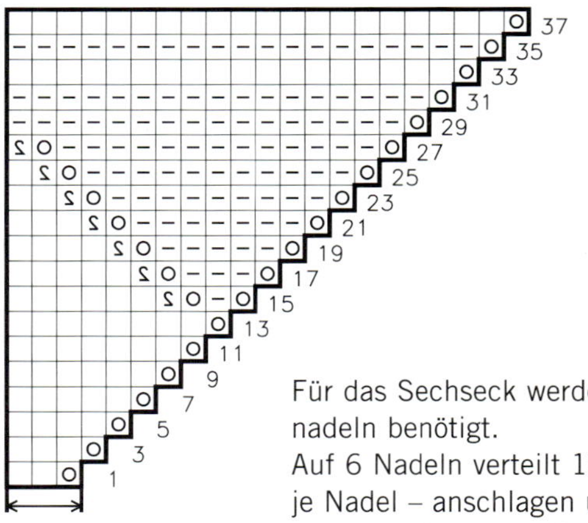

Für das Sechseck werden 7 Strumpfstricknadeln benötigt.
Auf 6 Nadeln verteilt 12 Maschen – 2 Maschen je Nadel – anschlagen und in ungeraden Runden nach Strickschrift 6x den Rapport stricken. In geraden Runden die Maschen stricken, wie sie erscheinen, die Umschläge rechts stricken.
1x die 1.–38. Runde stricken.

Verschiedene Techniken

In diesem Kapitel kommen experimentierfreudige Strickerinnen auf ihre Kosten, denn hier finden Sie ungewöhnliche Muster in unterschiedlichen Techniken. Die eine oder andere Technik mag Ihnen aus anderen Kapiteln bekannt vorkommen, doch erscheint sie hier durch außergewöhnliche Farben oder so manchen Kniff völlig neu.

Lassen Sie sich ermutigen, einmal „Farbe zu bekennen“ und beherzt eine Reihe von Farben miteinander zu kombinieren. Sie werden sehen: So entstehen modische Hingucker und witzige Kindersachen.

Die Intarsientechnik wird im Allgemeinen angewandt, wenn große Farbflächen nebeneinander gesetzt werden sollen. Auf Seite 126 sehen Sie, dass auch kleinere Motive sich in dieser Technik bequem und effektvoll arbeiten lassen.

Auffallende Verzierungen am Halsausschnitt von Pullovern oder auf Jackenkrägen sind sehr beliebt und schmeicheln dem Gesicht. Schmücken Sie Ihre handgestrickten Modelle doch einmal mit einem „Pelzbesatz“ in Schlingentechnik! Sie können aber auch Handschuhbündchen oder einen ganzen Muff auf diese originelle Weise stricken.

Stricken mit Perlen

Perlarbeiten sind eine Königsdisziplin des Strickens. Wahre Kunstwerke wurden in der Biedermeierzeit in dieser Technik geschaffen, beispielsweise Taschen, Beutel oder Handschuhe. Sie wurden wie Jacquardmuster nach einer Zählvorlage gearbeitet. Dem Stricken ging jedoch die mühevolle Arbeit des Auffädelns voraus: Alle Perlen mussten einzeln und in den richtigen Farben auf das Garn aufgezogen werden – und zwar in der umgekehrten Reihenfolge des späteren Abstrickens.

Auf den folgenden Seiten finden Sie einige einfachere Muster mit eingestrickten Perlen, mit denen Sie festlichen Modellen den letzten Schliff verleihen können.

Einige Punkte müssen Sie jedoch auch bei diesen Perlenstrickereien für Einsteiger beachten: Probieren Sie aus, ob die gewählten Perlen leicht über den Faden gleiten. Für Garne mit einer Lauflänge von 125–150 m pro 50-g-Knäuel brauchen Sie Perlen mit einem Durchmesser von mindestens 4 mm und einem entsprechend großen Loch.

Berechnen Sie vor dem Auffädeln, wie viele Perlen Sie benötigen. Bei den Anleitungen ist jeweils die Anzahl für einen Rapport sowie für Anfang und Ende des Musters angegeben.

Bei den hier vorgestellten Mustern werden die Perlen dem Zählmuster entsprechend nur in den Hinreihen eingestrickt. Stricken Sie die betreffende Masche rechts verschränkt (= von rechts nach links einstechen), legen Sie den Faden mit der Perle vor die rechte Nadel, halten Sie die Perle fest und heben Sie die Masche über Faden und Perle. Auch beim Anziehen des Fadens halten Sie die Perle fest, damit sie nicht auf der Rückseite der Arbeit verschwindet.

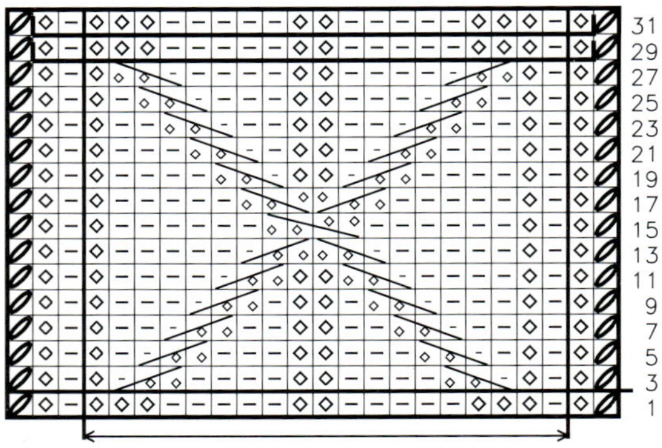

19 M

Maschenzahl teilbar durch 19 + 3 Maschen + 2 Randmaschen

In Hinreihen nach Strickschrift stricken, dabei wie gezeichnet beginnen, den Rapport von 19 Maschen stets wiederholen und wie gezeichnet enden. In Rückreihen die Maschen stricken, wie sie erscheinen, die rechts verschränkten Maschen der Hinreihen links verschränkt stricken.
Nach der 1. und 2. Reihe die 3.–32. Reihe stets wiederholen.

└─┘ = in jeder 29. und 31. Musterreihe mit 1 Hilfsnadel aus der Randmasche 1 Masche rechts verschränkt stricken und vor die Arbeit legen, dann die Randmasche noch einmal links stricken. Nun ✲ die Masche der Hilfsnadel rechts verschränkt stricken, wieder auf die Hilfsnadel zurücknehmen und vor die Arbeit legen, dann die 1. Masche der linken Nadel wie gezeichnet stricken, ab ✲ wiederholen. Am Reihenende die Masche der Hilfsnadel auf die linke Nadel vor die Randmasche heben und mit dieser links zusammenstricken.

Gerade Maschenzahl

1. Reihe (Rückreihe): Alle Maschen rechts stricken.

2. Reihe (Hinreihe): Randmasche, ✲ 1 Masche rechts, dann 1 Schlinge arbeiten. Dafür die folgende Masche rechts stricken, die Masche aber auf der linken Nadel lassen. Den Faden nach vorn holen, über den linken Daumen legen und wieder hinter die Nadeln zurücknehmen. Diese Schlinge bis zur gewünschten Länge ziehen, den Daumen aus der Schlinge nehmen und diese festhalten. Nun die Masche noch einmal rechts stricken und von der Nadel gleiten lassen, 1 Umschlag arbeiten und die beiden eben gestrickten Maschen über den Umschlag heben. Ab ✲ stets wiederholen, Randmasche.

3. Reihe: Alle Maschen rechts stricken.

4. Reihe: Randmasche, ✲ 1 Schlinge arbeiten, 1 Masche rechts, ab ✲ stets wiederholen, Randmasche.

Die 1.–4. Reihe stets wiederholen.

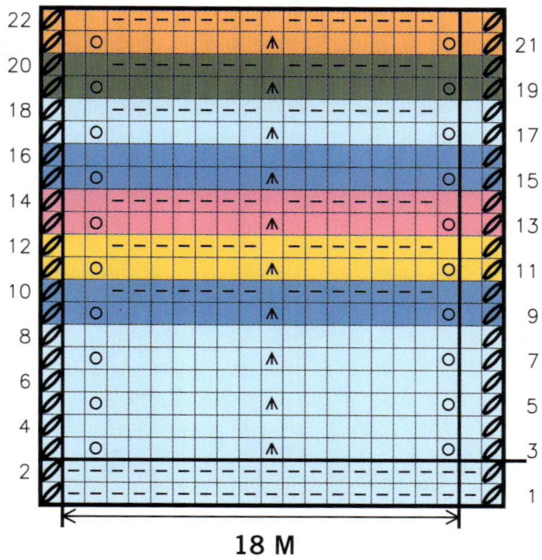

Maschenzahl teilbar durch 18 + 1 Masche + 2 Randmaschen

In Hin- und Rückreihen nach Strickschrift stricken, dabei in Hinreihen wie gezeichnet beginnen, den Rapport von 18 Maschen stets wiederholen, Randmasche.
Nach der 1. und 2. Reihe die 3.–22. Reihe stets wiederholen.

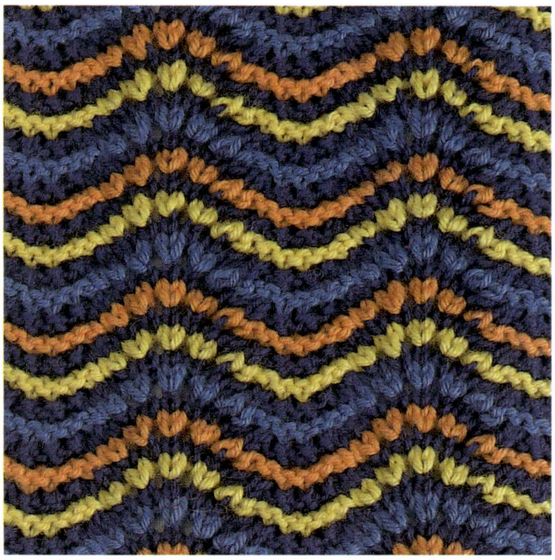

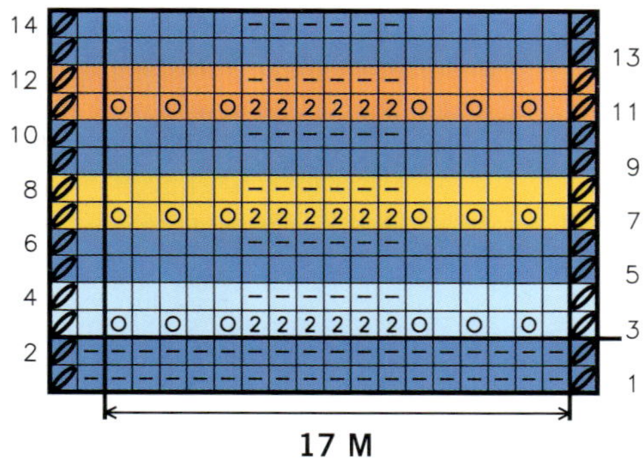

Maschenzahl teilbar durch 17 + 1 Masche + 2 Randmaschen

In Hin- und Rückreihen nach Strickschrift stricken, dabei in Hinreihen nach der Randmasche den Rapport von 17 Maschen stets wiederholen und wie gezeichnet enden.
Nach der 1. und 2. Reihe die 3.–14. Reihe stets wiederholen.

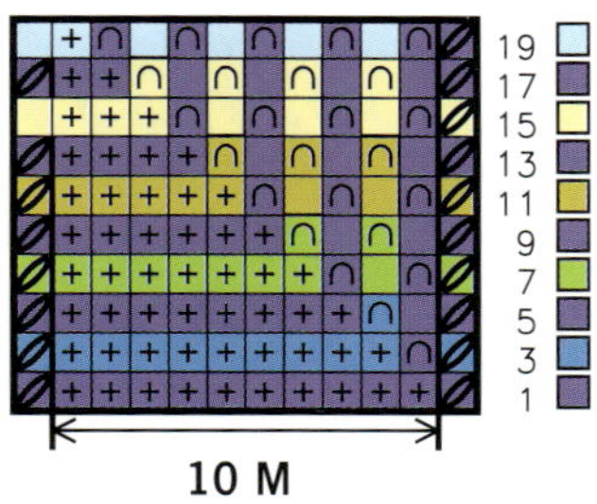

Maschenzahl teilbar durch 10 + 2 Randmaschen

In Hinreihen nach Strickschrift stricken, dabei nach der Randmasche den Rapport über 10 Maschen stets wiederholen, Randmasche. In den Rückreihen die Maschen stricken wie in der Zeichenerklärung erklärt, die abgehobenen Maschen der Hinreihen abheben, dabei liegt der Faden vor der Masche.
Die 1.–20. Reihe stets wiederholen.

Die Kästchen neben der Reihenangabe geben an, mit welcher Farbe diese beiden Reihen gestrickt werden.

41 M

Dompfaff: Glatt rechts über 41 Maschen in Intarsientechnik stricken. Für jedes Farbfeld ein extra Knäuel verwenden und die Fäden bei jedem Farbwechsel auf der Arbeitsrückseite verkreuzen, damit keine Löcher entstehen. Einzelne Maschen können auch nachträglich mit Maschenstichen aufgestickt werden.
1x die 1.–51. Reihe stricken.

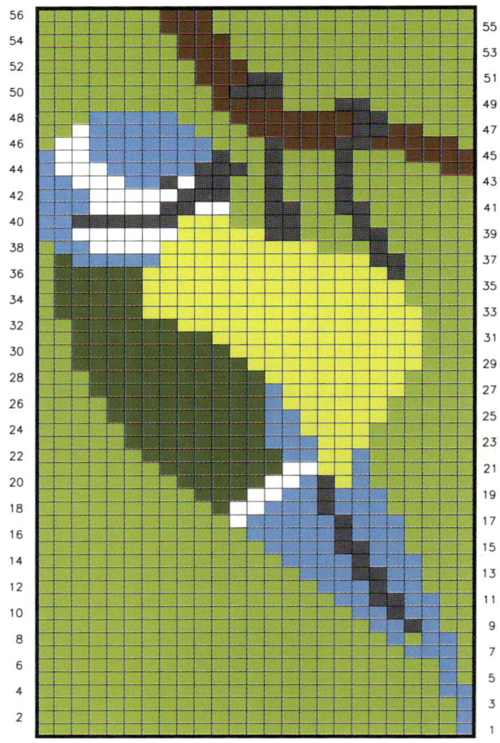

25 M

Blaumeise: Glatt rechts über 25 Maschen in Intarsientechnik stricken. Für jedes Farbfeld ein extra Knäuel verwenden und die Fäden bei jedem Farbwechsel auf der Arbeitsrückseite verkreuzen, damit keine Löcher entstehen. Einzelne Maschen können auch nachträglich mit Maschenstichen aufgestickt werden. 1x die 1.–56. Reihe stricken

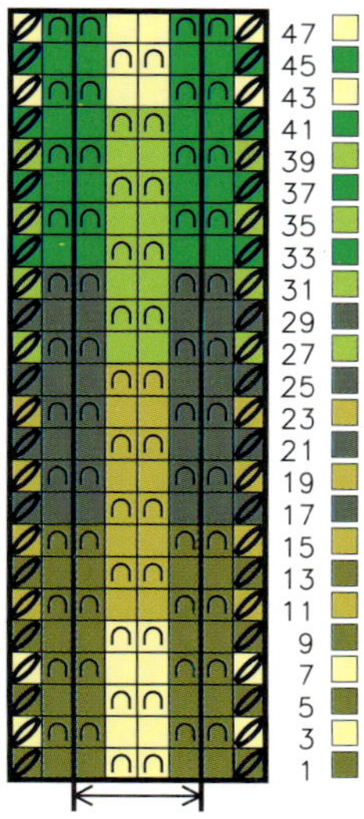

4 M

Maschenzahl teilbar durch 4 + 2 Maschen + 2 Randmaschen

In Hinreihen nach Strickschrift stricken, dabei wie gezeichnet beginnen, den Rapport über 4 Maschen stets wiederholen und wie gezeichnet enden. In Rückreihen alle gestrickten Maschen wie in der Zeichenerklärung erklärt stricken, die abgehobenen Maschen der Hinreihen links abheben, dabei den Faden vor die Maschen legen.
Die 1.–32. Reihe stets wiederholen.

Die Kästchen neben der Reihenangabe geben an, mit welcher Farbe diese beiden Reihen gestrickt werden.

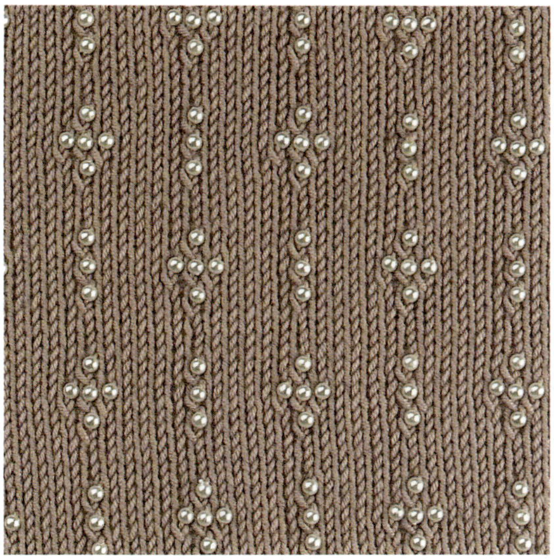

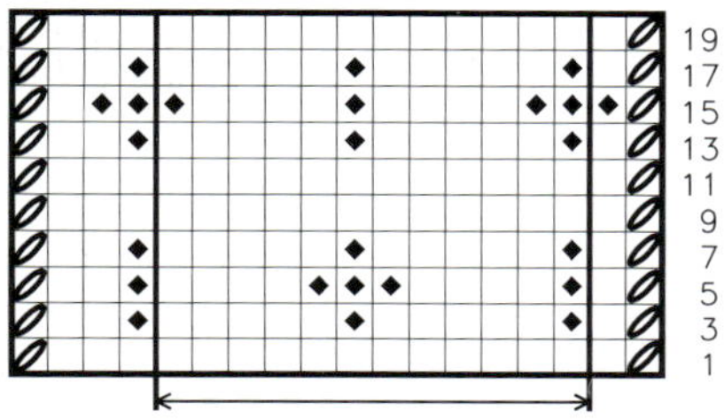

12 M

Maschenzahl teilbar durch 12 + 4 Maschen + 2 Randmaschen

Je Rapport 16 Perlen, für den Musterbeginn 1 Perle und für das Musterende 7 Perlen auffädeln. Für die Musterwiederholungen entsprechend mehr Perlen auffädeln.

In Hinreihen nach Strickschrift stricken, dabei wie gezeichnet beginnen, den Rapport von 12 Maschen stets wiederholen und wie gezeichnet enden. In Rückreihen alle Maschen links stricken.
Die 1.–20. Reihe stets wiederholen.

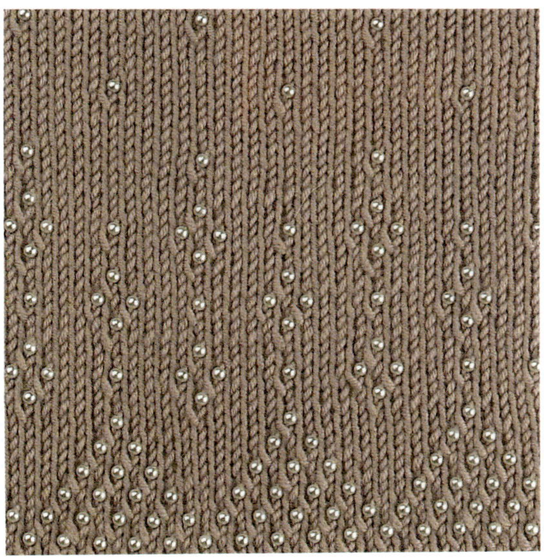

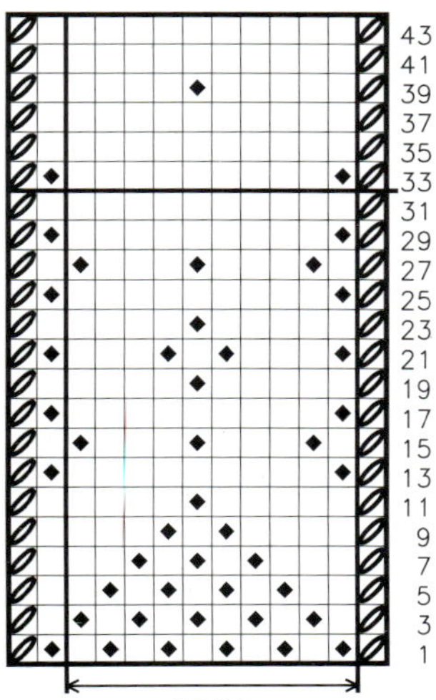

10 M

Maschenzahl teilbar durch 10 + 1 Masche + 2 Randmaschen

Für die 1.–32. Reihe je Rapport 35 Perlen und für das Musterende 6 Perlen auffädeln, für die 33.–44. Reihe je Rapport 2 Perlen und für das Musterende 1 Perle. Für die Musterwiederholungen entsprechend mehr Perlen auffädeln.

In Hinreihen nach Strickschrift stricken, dabei nach der Randmasche den Rapport von 10 Maschen stets wiederholen und wie gezeichnet enden. In Rückreihen alle Maschen links stricken.
1x die 1.–32. Reihe stricken, dann die 33.–44. Reihe stets wiederholen.

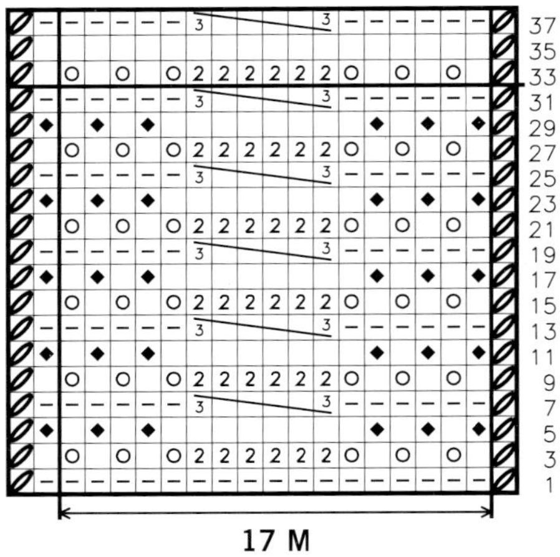

Maschenzahl teilbar durch 17 + 1 Masche + 2 Randmaschen

Je Rapport 25 Perlen und für das Musterende 5 Perlen auffädeln. Für die Musterwiederholungen entsprechend mehr Perlen auffädeln.

In Hinreihen nach Strickschrift stricken, dabei nach der Randmasche den Rapport von 17 Maschen stets wiederholen und wie gezeichnet enden. In Rückreihen die Maschen stricken, wie sie erscheinen, die Umschläge links stricken.
1x die 1.–32. Reihe stricken, dann die 33.–38. Reihe stets wiederholen.

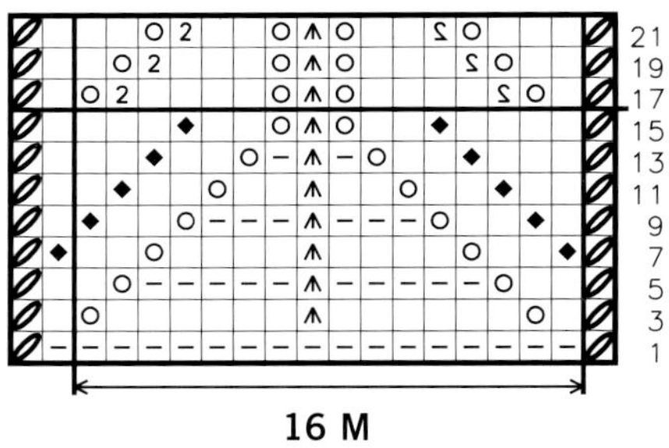

Maschenzahl teilbar durch 16 + 1 Masche + 2 Randmaschen

Je Rapport 9 Perlen und für das Musterende 1 Perle auffädeln.
Für die Musterwiederholungen entsprechend mehr Perlen auffädeln.

In Hinreihen nach Strickschrift stricken, dabei nach der Randmasche den Rapport von 16 Maschen stets wiederholen und wie gezeichnet enden. In Rückreihen die Maschen stricken, wie sie erscheinen, die Umschläge links stricken.
1x die 1.–16. Reihe stricken, dann die 17.–22. Reihe stets wiederholen.